赤口《しゃっこう》の刃

SYAKKO NO YAIBA

原敬暗殺事件と中岡艮一

OHASHI YOSHITERU
大橋義輝

共栄書房

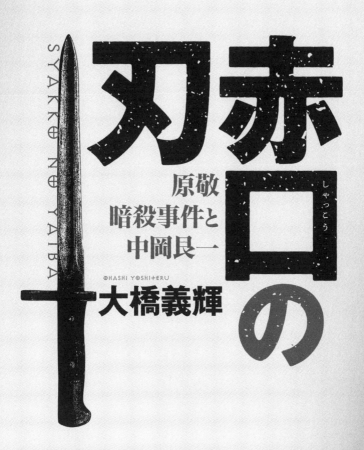

赤口《しゃっこう》の刃——原敬暗殺事件と中岡艮一◆目次

プロローグ　「大正」と「令和」　5
二つのパンデミック　5／二人の宰相を襲った二人の襲撃犯　8／大衆文化の開花　10
／将棋ブームと二人の政治家　12／「宮中某重大事件」と原敬　16

第1章　**原敬とその時代**　19
「開通の盛観、凱旋の光輝」　19／重要人物の不在　21／青鞘への誓い　24／「土佐藩の
中岡」　26／原のスキャンダル　30／風当たりの中での勝利　34／政治家と芸者　35／
原敬と女たち　40

第2章　**交差する運命**　43
中岡の駅員時代　43／資産家暗殺事件　46／暴動の記憶　49／初めての〝出会い〟　52
／原敬と古河財閥　55／中岡家の教育　58

第3章　**原敬の足跡**　62
子息の英国留学　62／原敬の生い立ちとキャリア　66／原家の大問題　71／浅との関係　75

第4章　**理想と現実**　78

上野から浅草へ　78／白樺派作家たちとの接触　82／武者小路実篤と「新しき村」　84／作家と二人の総理襲撃者のただならぬ縁　88／「恋文事件」　92／挫折と決断　94

第5章　**「平民宰相」の素顔と裏の顔**　99

前代未聞の饗宴　99／ライバル大隈の宴　105／伊藤博文も着目した原の経営手腕　107／阿片事件と贋札事件　109／原敬の〝闇〟　111／立ち込める気配　115

第6章　**接近する運命**　121

「四度目」の正直　121／機を見るに敏　125／貞子の〝事件〟　127／原敬の〝終活〟　130／東京駅の人びと　135

第7章　**時代が動いた日**　139

交接　139／それぞれの受け止め方　144／事件の衝撃　151／小菅刑務所と関東大震災　156／三度の恩赦　160

第8章　**流転の人生**　164

出所の時　164／過熱報道　168／大陸に渡り回教徒に　174／浅草と銅　178

エピローグ　**二人のいた場所で**　182

足尾銅山と原敬　182／二人を結びつけるもの　186

あとがき　191

参考文献　195

プロローグ　「大正」と「令和」

二つのパンデミック

大正ロマン、大正モダニズム、大正デモクラシー……。数々の総称をもつ大正時代は、明治と昭和の間の、わずか一五年間にすぎない。この大正時代、今の令和時代とは一世紀の隔たりがあるのだが、現代と似ている部分がある。それはともに「パンデミック」に見舞われた時代であることだ。

新型コロナウイルスのパンデミックは、二〇二一年八月現在も衰えることはなく、今や世界で二億人以上の感染者を出している。日本でも感染者数の増減はあるものの収束の目途は立たず、切り札と期待されるワクチン接種が広く国民に行き渡るのも時間がかかる見通しである。

今回のコロナ禍において、約一世紀前のパンデミックに注目が集まった。ヨーロッパを中心

原敬

に広がったスペイン風邪である。スペイン風邪の猛威は、第一次世界大戦の休戦を早めたとさえいわれ、パリ講和会議では米英仏三国の首脳がそろって発症したという。

大正時代の我が国はどうであったか。第一九代総理大臣・原敬《はらたかし》の日記にその記述がみられる。

「二六日午後三時の汽車にて腰越別荘に赴く。昨夜北里研究所社団法人となれる祝宴に招かれ其席にて風邪にかかり、夜に入り熱度三十八度五分に上がる。二十九日午前腰越から帰京、風邪は近来各地に伝播せし流行感冒（俗に西班牙風邪と云ふ＝傍点筆者）なりしが……」

原敬は祝宴に招かれ、酒の席で罹ったというわけだが、現在のコロナ禍でも酒の席で感染するケースは多く、医療関係者は控えるようにと指摘している。

スペイン風邪に罹患した有名人には原敬のほか、島村抱月《ほうげつ》がいる。島村は当時、早大教授のうえに劇作家、舞台演出家、さらに翻訳家でもあった。著名な文化人であったけれども、彼を一般大衆にまで一躍有名にしたのは人気舞台女優・松井須磨子との関係だった。島村の演出する舞台『復活』（原作トルストイ）でヒロインを演じたのが松井須磨子。この舞台劇はヒットし、さらにこの劇のテーマソングともいうべき「カチューシャの歌」は全国的大ヒットにつながった。〜カチュウーシャ可愛や別れのつらさ　せめて淡雪とけぬ間に〜で始まる歌は、長い間日本人に愛されてきた。

島村も松井も、まさに人も羨む幸せの絶頂であったが、それはまもなく崩壊した。スペイン風邪は島村の命を奪ったのだ。享年四七。島村と不倫関係にあった松井は悲嘆にくれて後を追い、自死した。世間はこのスキャンダラスな話題で長らく持ちきりとなり、「須磨子かわいや、別れのつらさ」と替え歌さえ口ずさまれた。今の世ならさしずめテレビのワイドショーの格好のネタになったであろう。

もう一人スペイン風邪に罹患した有名人といえば、建築界の大御所、「日本近代建築の父」と呼ばれる工学博士の辰野金吾だ。帝国大学（現東京大学）学長をつとめた人物でもある。辰野の最も有名な作品である東京駅駅舎は約四年の歳月を要して完成したが、東京駅開業の五年後、辰野はスペイン風邪に襲われた。享年六四。

当時、風邪から肺炎となり亡くなるケースがとても多かったという。これとて今思えばスペイン風邪であったかもしれぬ。テレビもスマホもない時代、今日のような報道はなく一般庶民までなかなか情報は浸透しなかった。私の親戚の一人は海軍兵学校の入学を目指し勉強中に風邪をこじらせて肺炎で亡くなったが、時代的にみてスペイン風邪だった可能性は否定できない。

二人の宰相を襲った二人の襲撃犯

ちょうど一〇〇年前の一九二一（大正一〇）年一一月四日、原敬が東京駅で暗殺された。原は一〇月にスペイン風邪に罹患し回復したばかりで突然、悲劇に襲われてしまった。享年六五。

歴史上、東京駅で襲われた総理大臣は二人いる。「白髪宰相」といわれた原敬と、「ライオン宰相」といわれた第二七代総理の濱口雄幸である。濱口は一九三〇（昭和五）年一一月一四日、右翼団体メンバーの佐郷屋留雄《さごうやとめお》に襲われた。原が短刀、一方の濱口は拳銃によるものだった。

この二人の総理襲撃の加害者両方と関わっていたのが、のちに文化勲章を受章した作家の武者小路実篤だった。

実篤は白樺派の作家として大正時代の文壇に颯爽と登場した。自由主義、理想主義を傾向とする白樺派のメンバーは、実篤のほかに有島武郎、志賀直哉ら学習院の卒業生で金持ちの子息が多く、「お坊ちゃん集団」と揶揄されたこともあった。『新しき村』という月刊雑誌を発行して若い人たちの間で人気となり、実際に、理想社会をめざす「新しき村」を宮崎県に設立した（その後、埼玉県に移転）。

この「新しき村」に住んでいたのが、のちに濱口雄幸を狙撃した人物であった。実篤自身が書いている。一部抜粋する。

「村へいた頃の留雄少年は別に変ったところもなくおとなしい少年でした。（略）留ちゃんは将来何になるのと聞くと飛行機乗りとこたえた。かつて村で一〇〇円札（現在の四〇万円）が盗まれて大騒動になったことがあります。調べてみると留雄少年の仕業でした。（略）峠の茶屋にいた一二、三歳の女の子に結婚の申し込みをして金をやったという話だった」（『婦人公論』昭和六年一月号）

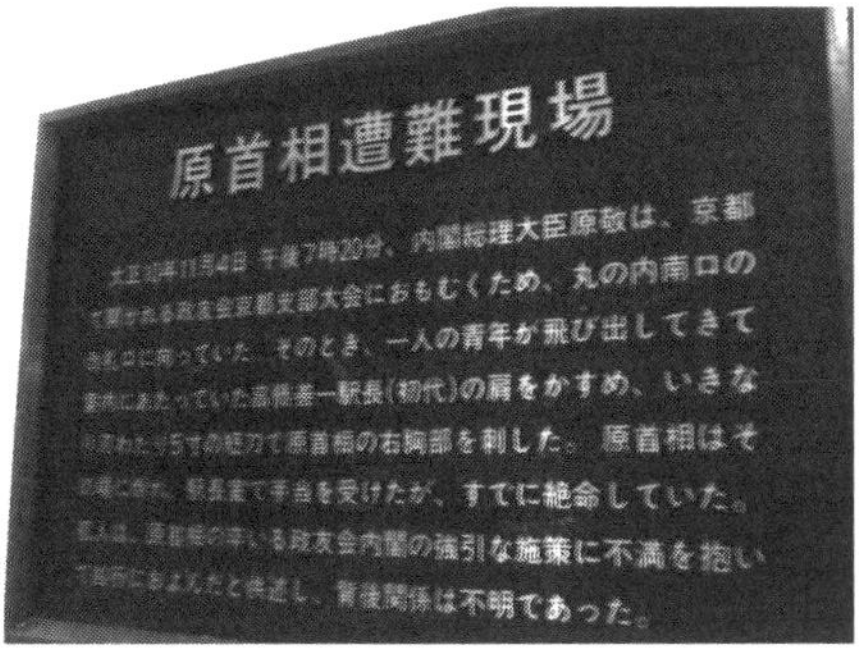

原首相遭難現場を示す看板

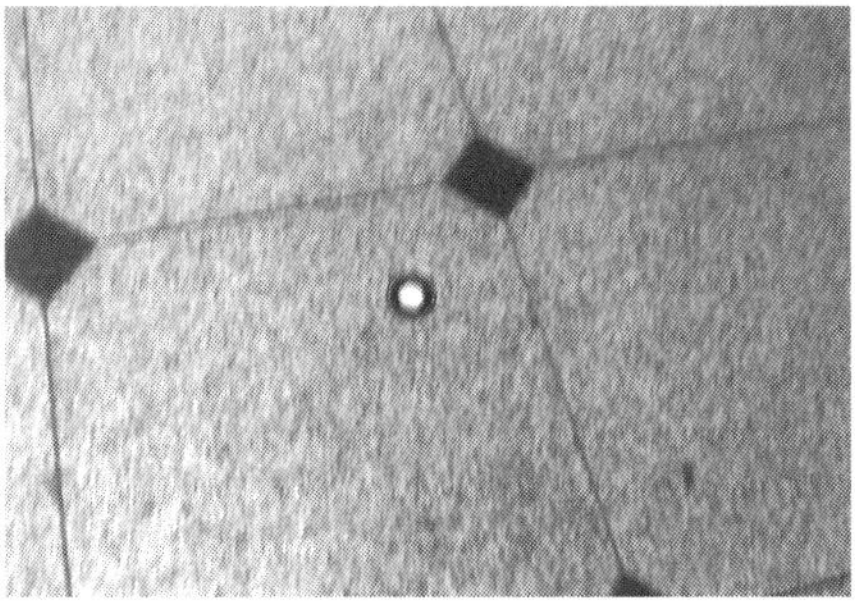

東京駅の暗殺現場

実篤は「新しき村」から将来、セザンヌやゴッホのような天才が生まれることを夢見ていたが、結果、総理の狙撃者を「輩出」してしまった。そして私が数年前にこの村を訪ねた時（拙著『拳銃伝説』参照）にわかったのだが、村の記念日が一一月一四日であった。つまり総理を狙撃した日と同じであり驚いたものだった。

さて、もう一人の総理大臣・原敬を暗殺した人物、中岡艮一《こんいち》と実篤には、どんな関係があったのだろうか。

実篤ら白樺派の作家たちは原稿の入稿、その後のゲラ（校正刷り）のチェックを、印刷会社の校正室で行っていた。この印刷会社で中岡は働いていたのだ。それだけではない。中岡の父の勤務先の副社長が原であった。原が副社長に就任時、中岡は社員寮に住んでおり、まだ一歳七か月だった。この赤子が一六年半後に原を刺殺することになる――。何という縁《えにし》であろうか。

大衆文化の開花

大正時代は西欧文化の影響で、文芸、絵画、音楽、演劇など芸術が花開く時代でもあった。大正ロマンを代表する人物といえば、「大正の浮世絵師」とも言われた画家の竹久夢二であろう。彼の描く女性は「夢二式美人」と呼ばれ、しなやかにして神秘的な美女を描き、人々の心を魅了した。夢二は約一年間をかけてヨーロッパ各地を歴訪、帰国した翌年に四九歳の若さで亡くなった。墓碑銘には白樺派の有島生馬の揮毫で「竹久夢二を埋む」と刻まれた。

大正時代は女性がお洒落をする時代でもあった。街では西欧文化の影響を受けて、パーマをかけた髪型が流行、頭髪にリボンを飾り、袴にブーツといった和洋折衷スタイルも登場した。

　このように、大衆文化が花開いたのが大正文化の特徴といえる。第一次世界大戦後から関東大震災までの短い間であったが、一大ブームとなった「浅草オペラ」はその代表例といえるであろう。「宵待草」や「ゴンドラの唄」がヒットしたが、これらは西洋音楽の大衆化という点で大きな役割を果たした。「今日は帝劇、明日は三越」というキャッチコピーが流行語になったのも大正時代である。

　文学の世界でも大衆化は進んだ。文芸雑誌に連載されているような「純文学」とは内容も読者層も大きく異なる「大衆文学」が、この時期人気を博すようになった。代表的な作品として、『大菩薩峠』（中里介山）や『鞍馬天狗』（大佛次郎）、『丹下左膳』（林不忘）などがある。これらは新聞や大衆雑誌に連載されていたもので〝通俗小説〟などとも呼ばれたが、映画化されるなど大ヒット作品となったのだ。

　こういった大衆文化興隆の背景にあったのが、好景気だった。当時の元老、井上馨をして「大正時代の天祐であり神風」と言わしめたのは、第一次世界大戦（一九一四〜一九一八）の戦勝国側に日本が付き、〝漁夫の利〟を得たことである。

　この時期、「成金族《なりきんぞく》」が出現した。鉱山成金、船舶成金、薬成金、盆栽成金までいたらしいが、これらは第一次世界大戦による大正バブルが生んだ富裕層である。

もっとも成金族の出現はあったものの、生活に困窮する人びとも少なくなかった。現在日本は格差社会になったといわれるが、この時代も経済格差は大きかったといえる。

将棋ブームと二人の政治家

ちなみに成金とは将棋用語。一番力のない「歩」が敵陣に入ると成《な》り、つまり「金」となり一段とパワーアップする。これまで普通の生活者だったのがいきなり金持ちとなったのを、将棋を比喩にして表した言葉である。

令和の現在、藤井聡太（八月現在、二冠）の登場で将棋ブームである。将棋を指さずただ見るだけの〝見る将《しょう》〟のファンも多い。特に女性ファンが目立つのも昨今の特徴である。

一方、大正時代もユニークな棋士の出現で将棋ブームにあった。

～吹けば飛ぶような　将棋の駒に～で始まる「王将」の歌は、村田英雄が歌い、一九六〇年代に爆発的なヒットとなり、戦後初のミリオンセラーともいわれた。この曲のモデルとなったのが、明治から昭和初期にかけて活躍した坂田三吉である。坂田が命を賭して当時十三世名人、関根金次郎に挑む姿は、将棋ファンのみならず多くの人を魅了し、舞台や映画になった。

原敬も将棋愛好者であった。日記によると、原のライバルというべき政治家・星亨《ほしとおる》との勝負を記している。星と原はたびたび将棋を指していた。

そんな二人の勝負は、一九〇一（明治三四）年六月二一日午前一〇時ごろにも行われていた。時に原敬四五歳、星亨五一歳だった。

星は江戸末期の築地に左官屋の子として生まれ、維新後は横浜税関長となった。のちに単身イギリスに渡り、弁護士資格を取得したのち、政治家に転じた人物である。一方の原も負けてはいない。当時難関の司法省法学校（後の東大法学部）を受験した。応募二〇〇〇人中、合格者一〇四人。原は二番の成績で合格した。ともに頭脳ゲームでは自信があっただけに、負けられぬ戦いとなった。

星亨

現代将棋界のスター、四〇〇年に一人の天才といわれる藤井聡太は角換わり戦法を得意としているが、原はどんな戦型であったのか。原は関西に四年ほど住み新聞社（大阪毎日新聞）の役員を務めていたことから、関西将棋界で活躍した坂田のファンであったと思われる。恐らく原は、坂田三吉の得意にしていた坂田流向かい飛車で星と戦ったのだろう。勝負は終盤に入り、原が優位を築く。一方、星は長考に沈む。結果、原が勝った。

実はこの後に大変なことが起きた。負けた星は東京市庁内に出向き、市長や助役らと懇談中に暗殺された。汚職の関連を疑われた星は剣の達人（心形刀流師範・伊庭想太郎）の標的となって散ったのだ。原は日記に次のように記している。

「先日星と将棋を戦はし余敗北したるに因り、本日（筆者注：六月二一日）又戦を挑まれ相戦ひたるが只一局なりしも随分長く面白き戦争の末、遂に余の勝利となり、夫《それ》より総務委員室にて地方巡回等の協議をなし、星は余より先に去りて市役所に赴き世は後れて去りたるは丁度午後一時少々過ぎなりしが忽ち凶報に接したり、人生全く夢の如し、本人は種々の悪評を受けたけれども世人の想像するが如き奸悪をなす者にあらず、案外淡泊の人にして金銭に就いては奇麗なる男なり、而して才気もありたれども随分剛腹にして常に強硬なる態度をとり（略）、真に惜しむべし（略）」（『原敬日記』福村出版）

原がいう「種々の悪評」とは、汚職に関与した疑いのことである。星には常に汚職のにおいがつきまとっていた。そのたびに職を辞す。が、選挙では勝ち再び表舞台に登場する。その繰り返しという不思議な存在であった。日記にあるように暗殺のその日、星の方から将棋をもちかけてきた。

二人は同じ派閥の政友会だった。一九〇〇年一二月二一日に星亨は第四次伊藤博文内閣で第一〇代逓信大臣に就任したが、半年後、汚職容疑で辞任した。この後任に原敬が指名されたが、原も半年後に内閣の総辞職により大臣を辞職していた。

星は若き頃、官僚への暴言沙汰を起こして警察に逮捕されたことがあった。星のあだ名は「おしとおる」。ごり押しを皮肉ったものである。星は強硬な態度ですぐ感情に走る。首も太くいかにも迫力満点の雰囲気を持ちいわば直情型である。

これに対して原はジワジワと攻めていく策略型だった。だからこそ気が合ったのだろうか。原は日記に「星は剛腹にして云々」と書いているけれども、「原も剛腹」と一部から言われていた。つまり太っ腹で小さなことにはクヨクヨしない。汚職疑惑のつきまとう星ではあったが、原も、国政より「政友会ありき」を優先し、阿片問題や満鉄問題に絡む利益が政友会の選挙資金に流れている、といったきな臭い噂がくすぶっていた。原も〝同じ貉《むじな》の仲〟と指摘する声もあった。

大正時代の政治家は口ひげをたくわえる人は少なくなかったが、原も星も口ひげがなかった。名前はどちらも漢字二文字という共通項もあり、ライバルといわれつつも、お互いに親しみを感じていたのかもしれない。

「宮中某重大事件」と原敬

一世紀前と現在、似ているのは将棋ブームだけではない。皇室問題だ。

現在、秋篠宮さまのご長女、眞子さまの結婚問題に揺れているのはご承知の通り。婚約者の母親の金銭問題がネックとなり、婚約から四年目を迎えているがいまだにスッキリとせず、疑問を抱く国民も少なくない。翻って一世紀前はどうか。やはり皇室の結婚で揺れていたのだった。それが「宮中某重大事件」である。

昭和天皇がまだ皇太子時代のことである。宮内庁は皇太子のお妃選びを良子内親王で内定、と公表した。一九一九（大正八）年六月一〇日のことであった。

だが、元老の山県有朋から「待った」がかかった。山県は陸軍大臣を経て総理大臣を二期務めたこともあり、枢密院議長も経験した、当時藩閥勢力のリーダーともいうべき人物だった。薩摩出身の良子内親王の血縁に「色覚者」がいるというのが、待ったをかけた理由だった。

世情は宮内庁支持に傾く。頭山満《とうやまみつる》、五百木良三《いおきりょうぞう》ら右翼の大物たちも宮内庁案を支持した。ついに、右翼の青年が山県邸に押しかけ「山県に面会させろ」と迫り、面会が果たせぬとみるやその場で切腹自殺してしまった事件まで発生した。

後年、五・一五事件で暗殺された犬養毅は、この「宮中某重大事件」で沈黙を貫く原も（山県と）同罪、責任をとれ、と迫った。

派閥の違う犬養は常に原を厳しく批判していた。たとえば以下の如し。

「元来、原には主義、理想というものは皆無。（略）あの肺病患者のような、だらだら政治を遣って、その日その日を糊塗していく（略）その寿命も永持はすまい」

「婚約破棄」を唱えた山県に対するバッシングは激しく、孤立状態となり、結果山県はすべての役職を辞す意向を表明、自宅に引きこもった。いわば謹慎の姿勢であった。

ところが、原敬はここで動いた。心の裡で「藩閥をぶっ壊す」を掲げていた原が、「藩閥」の象徴ともいえる山県邸（小田原の古稀庵）を訪問し、「辞職することはない。私が取り計らう」と説得したのだ。敵とはいえ、落ち込んでいる時こそそっと手を差し伸べる原のしたたかさが垣間見えるではないか。原の計らいで山県は辞職表明を取り下げた。

なお当時の妃問題の背後には、藩閥同士の戦いがあったともいわれている。

結局、一九二四（大正一三）年一月、皇太子は良子さまと結婚した。

「歴史は繰り返す」というフレーズがあるけれども、令和三年と大正時代を見比べてみると、さまざまな点で似ている部分があった。原敬とその暗殺者・中岡艮一の二人の人物を軸に、一世紀前と令和の時代を俯瞰してみることは、今日を、あるいは未来を見つめる上で何かヒントがあるのではないか――。

そんな思いに駆られ、一〇〇年前と現代の不思議な相似をさらに紐解いていくと、歴史の襞に隠れていた数々のドキュメントが浮上してきた。これらが次々に繋がり、まるでしりとりの如く連結されていくのだった。

第1章　原敬とその時代

「開通の盛観、凱旋の光輝」

時間を東京駅の開業式典に戻して話を進めていく。

ここに一枚の写真がある。開業式典を見ようとする群集で埋め尽くされている、東京駅前の光景だ。今から一世紀前、一九一四（大正三）年一二月一八日のことであった。

煉瓦を組み込み、モダンにして目を惹く真新しいルネッサンス様式の三階建て。この建物に向かってクラシカルな自動車や馬車、人力車が次々と集ってきた。黒のシルクハットのイギリス駐日大使をはじめ、各国の大使クラスが順次来賓席につく。

すでに日本側の席には第一七代総理大臣・大隈重信、鉄道院総裁、東京駅の設計をした辰野金吾博士ら関係者が顔をそろえていた。鉄道院から招待された客は一五〇〇人余り。

東京駅開業式の様子

午前九時。ドーンという大きな音と共に煙が立ちのぼった。煙の中から日本とイギリスの国旗が空に舞い上がる。これは当時、日英同盟を結んでいたことに由来する。軍楽隊が音楽を奏でる。音楽がやむと鉄道院の職員が東京駅竣工までの経過を報告した。報告が終わると、次に演壇にのぼったのは総理の大隈だった。

大隈は聴衆を一瞥したあとに、力強い声でこう言った。

「東京駅はあたかも光線を放散する太陽のようなものだ。経済、思想、あらゆる社会文明の中心となってここからそれぞれ光を四方八方に放って欲しい」

東京駅を太陽に見立てて聴衆の心を掴み、大隈は万雷の拍手を浴びた。

午前一〇時半。特別列車が初めて東京駅ホームに滑りこんできた。拍手と歓声が巻き起こる。ある人物を待っていたのだ。日本はこの年、第一次世界大戦に参戦し、青島《チンタオ》に進出していたドイツ軍要塞を攻撃して陥落させた。この時の司令官が一番列車に乗っていたのである。この機に凱旋帰国させて、東京駅開業式典を盛り上げようという狙いであった。乗車口から降りて来た司令官は、右胸に功二級金鵄勲章と勲二等旭日章、左胸に勲二等瑞宝章をつけていた。神尾《かみお》光臣《みつおみ》中将（のちに大将）だった。

と、近くにいた小さな子供がいきなり「おじいちゃんバンザーイ」と叫んだ。孫の敏行ちゃん三つだった。ちなみに敏行ちゃんの父は白樺派の作家、有島武郎であった。『或る女』『生まれ出づる悩み』等の作品があり当時の著名人だが、のちに女性編集者と心中してしまう。

海軍軍楽隊の凱旋マーチにのって神尾司令官は駅前から馬車に乗り込む。儀仗兵以下一四頭の騎馬を従えてこの式典のためにつくられた緑の凱旋門を潜り抜け、一路、宮城（皇居）へと向かった。宮中では天皇に拝謁し恩賜を戴く。御紋章付きの金時計一個と目録一封を受けとった。その後、月桂冠の花輪に飾られた自動車に乗り、宿泊先の帝国ホテルに入った。翌日の朝日新聞の見出しは、「開通の盛観、凱旋の光輝」であった。

重要人物の不在

それにしてもこの式典で気になることがあった。居るべき人物がいなかったことである。鉄道の発展に力を注ぎ、しかも鉄道院総裁を歴任した原敬の姿が見当たらなかったのだ。

いくら原敬と大隈重信とが犬猿の仲とはいえ、式典に招待されないのは不自然だ。いや招待状を出したものの原敬の方から辞退したのであろうか。

ならば原はこの一二月一八日、どこで何をしていたのか。原の日記を調べてみた。するとこの日の日記はスキップ、何も書いていなかったのである。前後を見てみた。まず開業式典前日、そこには大隈を批判する言葉が散見できる。

「一七日：（略）山県（注：有朋）目下仰臥中にて帰京出来ず（略）大隈（注：重信）は楽観し居りて彼等の言を聞かず（略）大隈の行動に怒り、（略）単に政友会を打破するを目的とする首相を戴くを欲せず……」

開業式典翌日にも、やはり大隈を批判する箇所がみえる。

「一九日：自動車にて小田原に赴き山県に会見せり、山県は風邪なり（略）大隈は（略）誠意なく何を云うも無益なりと云へり」

とはいうものの、東京駅開業式典にはイギリスをはじめフランス、イタリア等の各国大使も出席している。元鉄道院総裁の原があえて欠席したのはなぜか。

それは第一次世界大戦への日本参戦に反対していたからであろう。参戦反対の自分が凱旋帰国の司令官を迎えるのはいかがなものか、と原は考えたに違いない。

反対したのは原のほかに山県であり、やはり風邪と言って式典に姿を見せていなかった。

大正三年当時の日本は、日清、日露と連勝し、第一次世界大戦でも戦勝国側に付き、こうしたイベントを通じて戦《いくさ》に負けぬ日本の強さを世界に誇示していた。マスコミも日本の〝力〟をアピールして日本人をその気にさせた。「日本は戦に負け知らず」あるいは「神風が吹き戦争には負けない」という「神話」が芽生え始めたのだろう。そしてその驕りこそが、やがて日中戦争を経て大きな敗北への道へと日本を突き進ませることになる。

このように、東京駅開業式典に参加したか否かは、第一次世界大戦へのスタンスが影響していた。

歴史に「たられば」は御法度だけれども、もし原敬の言うとおりに第一次世界大戦に参戦していなければ、日本は別の道を歩み、歴史は変わっていたという専門家もいる。原の意見に従っていれば、第二次世界大戦で日米の戦いにはならなかったシナリオもあり得たのだ。

原は、大正デモクラシーを体現する政治家だった。貴族か軍人ではなく平民のままで政党政治から生まれた総理大臣は、昭和二〇年までに三人しかいない。原敬、犬養毅、濱口雄幸だ。この三人はいずれも、凶刃、凶弾に斃れた。この悲劇こそ、日本近代政治史の大きな特色ともいえる。

なぜ彼らは一様に暗殺される運命をたどったのか。そのことが、この国の行く道をどれほど誤らせてしまったのか。とりわけ「平民宰相」として人気を博し、大衆の時代のリーダーとして国民の期待を背負った原の死は、一世紀の時を経てなお、その意味をとらえ返すだけの重みを感じる。

時計の針を少し進める。被害者・原敬と加害者・中岡艮一《こんいち》の出立のその日から、スタートすることにしよう。

青鞘への誓い

中岡艮一の自宅は、東京府北豊島郡西巣鴨町大字巣鴨二一五四番地であった。近くに地元の守り神、天祖神社があり、この神社から斜め北南に大きな通りが走っている。現在の春日通りだ。この通りからちょっと北に行き右のわき道に入ると、古めかしい家屋がズラリと軒を並べていたという。道幅は三間（五・四メートル）ぐらい。この一角に中岡の住む家があった。六畳二間、四畳半一間の平屋で小さな庭がついていた。引き戸の玄関わきに植え込まれたヤツデの葉が伸びていた。

この家に母・信と三つ下の妹・峯子、十歳下の弟・庸三と四人で暮らしていた。父は五年前にすでに病死。中岡は父の使っていた六畳間を使用していた。小さな箪笥・本棚・座机が設置されており、雑誌類がうず高く積まれていた。ほとんどが雑誌『白樺』であったが、既に印刷会社を辞めて大塚駅に勤務して二年が経っていた。

時は一九二一（大正一〇）年一一月四日。気象庁のデータによると、この日は北海道の雨を除き日本列島のほとんどが曇時々晴れの天気模様だった。東京地方も雲がたれこめ、気温は一〇℃を少し下まわっていた。秋はすっかり去り、冬の足音が忍び寄る肌寒い日となった。

中岡はこの日、朝早く目が覚めた。いつもは午前七時頃に床を抜け出すのが、この日は午前五時前には目を覚ました。すでに母は起き出し朝食の支度にとりかかっていた。

丸い座卓を家族四人で囲み朝食をとった。いつものことである。中岡の好きな納豆も食卓にのぼっていた。一八歳の中岡は一体どんな気持ちで朝食をとっていたのだろうか。おそらく中岡家の最後の食卓、と思いながら箸を動かしていたに違いない。一五歳の妹とまだ八歳の弟に、最近老け込んだ母の姿を見るのも、これが最後かもしれない。

「母を大切に、元気で生きていけよ」と妹弟に託す感情もあっただろう。と同時に、兄である責任から謝罪の感情も脳裡を掠めたかもしれない。

朝食後、妹と弟は学校へ。中岡は自分の部屋に戻り着替え始めた。真新しい六尺褌を締め腹にさらしをきりりと巻く。その上に下着の長袖シャツを身に着け腕を通した。絣の着物を着込み、紺の羽織をま

中岡艮一

とった。しゃがみ込み濃紺の足袋を穿く。引き出しから青鞘（後に「大正十年押収第九六一号の二」に指定）を取り出した。昨夜、入念にチェックした青鞘である。

――ランプの炎に揺れる切っ先はきらりと光る。刀身に己の顔の一部が歪んで映る。この刃渡り六寸（約一八センチ）の青鞘を見つめて、中岡は心の中で呟く、「もう失敗は許されない」。実は中岡はこれまで三度失敗していたのだ。

一度目は上野駅。二度目は立川駅。そして三度目は東京駅。いずれも時間がずれていたり、周囲に人が大勢いてチャンスを逃してきたのだった。今度こそは必ず――堺で製造された青鞘といわれるこの短刀を、六畳間の自分の部屋でジッと見続けた。

一体、誰から誰の手にわたり、過去にどれほどの人がこの青鞘によって血を流したことか。大義名分のため、日本のトップの〝悪〟をこの青鞘で斬らねばならない。それこそが先祖の声だ。己には土佐藩の血が流れていると、あらためて中岡は、妖しく光る切っ先を見て自身を鼓舞したに違いない。身長五尺四寸（約一六五センチ）、体重十四貫三百匁（約五四キロ）の体が震えた。

「土佐藩の中岡」

中岡は常日頃、自身を「土佐藩出身の中岡だ」と言っていた。中岡の父は土佐藩出身で精《くわし》といい、独逸学協会学校出身のインテリである。

祖父も〝くわし〟というが、漢字は「謌」を当てた。職業は裁判官。明治政府の判事となり、木更津区裁判所監督判事の現職中に亡くなった。明治三八年一一月に従五位勲五等を受けている。

さらに伯父の中村弥六は当時、日本の林業の第一人者で博士だ。中岡家の家系はインテリの家柄であったことがわかる。

この家庭にあって中岡も優秀な生徒だった。小学五年生の時はクラスの級長をやったこともあり、読書好きであった。しかし、父の病没により高等小学校を途中で辞め、住み込みで働くことになる。

さて、〝土佐藩の中岡〟といえば、中岡慎太郎を思い浮かべる。かの坂本龍馬と近江屋の二階で会談中に暗殺された人物である。海援隊隊長の龍馬に対し、慎太郎は陸連隊隊長であった。龍馬に比べれば知名度は低いが、歴史好きであれば誰しもその名を知る人物である。

そんな中岡慎太郎と中岡艮一に、果たして血縁があったかどうか――。実は中岡艮一が中岡慎太郎の孫であるという噂が、まことしやかにささやかれていたことがあった。この噂は現在否定されているが、私自身は、二人に血縁はあった、と見ている。あらゆる状況証拠から導きだされるのは二人の類似点であり、血の繋がりがあったとしか思えないのだ。

坂本龍馬はどちらかといえば話し合いで事をすすめるタイプ。師と仰ぐ勝海舟は、江戸城を無血開城させた。血を流す戦いを好まず、話し合いで江戸を戦火から守ったのだ。龍馬は早くから勝に共通の心を感じていたのだろう。

一方、陸連隊の隊長、中岡慎太郎は行動派として知られていた。話し合いでは事を解決するのは時間がかかる。バッサリとねじ伏せるのを良しとする考えであった。つまり、「行動ありき」の姿勢こそが、日本の夜明け、近代日本の姿を引き寄せる最大の力という思考であった。

中岡艮一の父・精は、志半ばで暗殺されてしまった慎太郎の無念さを息子に語り伝えていたのではないか。それが長い時を経て、別な形で中岡の血を駆り立てた、と私は考えるのである。

まだ一八歳の中岡は、日々新聞でたたかれる原敬こそ民衆の敵、悪の「権化」とみなしていた。この頃の原内閣は、大戦後にやってきた不況から急速に支持率を失い、強気な政策が裏目に出るようになっていた。勤務先の上司（大塚駅の橋本栄五郎助役。後に中岡を使嗾《しそう》したとして逮捕、その後釈放）がさかんに原敬に不満を語っていたのを中岡は聞いていた。上司ばかりか周辺の人たちや多くの国民が怒りを爆発させていた。

けれども誰もが口で言うだけで、行動を起こす者はいない。ならばと、「土佐藩の中岡」を自任する自分が立ち上がらねばならない。そんな使命感に燃え、捨て石になる覚悟に到ったのであろうか、かの赤穂浪士が成就した暁に潔く自害した如く……。

……青鞘をさらしに差し込む。昨夜、奉書紙に筆でしたためていた書状を懐に収めた。さらに海軍ナイフ（「大正十年押収九六二号の二」と指定）を持った。鉄道員特有の安全確認「よし！」と呟き、右手を小さく上に挙げてポーズをとった。これで用意されたものはすべてそろった。いつもの通勤用のカバンを手にすると西向きの障子戸を開けて自室を出た。

廊下を右にいくと突き当りが便所である。中岡は左に行き玄関に向かう。母が現れた。母にはすでに「今日の休みは友達と遊ぶ」と話していた。電車賃を要求すると五〇銭銀貨しかないからと近くの雑貨屋にくずしに母は走った。その間、中岡はハンチングをかぶり桜のステッキを右手に持ち、朴歯《ほおば》を履いて玄関前に出た。母はすぐ戻り一四銭をもらった。

「今夜は鮭のおかずだから」との母の声に中岡は黙って頷き、ゆっくりと歩き始めた。目的地は東京駅、時刻は午前八時を少し回っていた。東京駅には午後六時ごろに着けばよい。それまで時間はたっぷりあった。中岡は上野か浅草で時間を潰そうと考えていた。

浅草には楽しい思い出があった。それに甘党の中岡である。今生の別れに、甘味処の名店「M」の餡蜜を味わっておきたかった。

中岡は朴歯の音を鳴らしながら通りを左折した。道は緩やかな下り勾配になっている。この巣鴨地域は天祖神社が街の中心を成し、広大な敷地を有していた。当時、神社の裏辺りに料亭ができたという話は中岡の耳にも届いていた（これが後に移転して大塚花柳界となった）。特産は巣鴨ダイコンで、まだ田畑があちこちに残っていた。

現在のようなビル群がなかったため、中岡の前方に鉄路が見えていた。風向きによっては車両音さえ中岡の自宅にまで届く。中岡は勤務先の大塚駅へと足を進めたが、むろんこの日は勤務ではなく単に足として利用するためだった。

中岡の視界に、東京方面に行く車両が走り去った。

原のスキャンダル

中岡艮一の標的にされた人物、第一九代総理大臣・原敬の私邸は芝七号地ノ四、現在の港区芝公園付近にあった。芝界隈はお屋敷が多く、松平家、徳川家なども居を構えていた。中岡の住む巣鴨地域と比べると対照的な土地柄であった。

南西には赤穂浪士が葬られていることで有名な泉岳寺がある。当時、西側方面に東海道本線が走っていた。『東京名所図会・芝公園東京総説之部』（睦書房）によると、芝区は昔時三縁山増上寺に属し、明治六年六月に公園に編入されて宮内省が直轄した。その総坪数は実に「一六万八千五百五十九坪七合五勺あり」とある。

原の私邸があったのは、通称「宰相通り」といわれ、第四代総理で薩摩出身の松方正義や第一一代総理で長州出身の桂太郎の私邸がある高級住宅地だった。とはいえ、「平民宰相」原敬の私邸は総理大臣らしからぬ家だった。なにしろ車一台も敷地に入ることができず、迎えの車は道路に停めなければならなかった。浅夫人は政友会のメンバーたちに常にこう言われた。

「私ら子分でももっと立派な家を所有している。これでは示しがつかない」

天下の総理大臣に相応しい豪華な家に住まわれたら、との要望であった。これに対して浅夫人は毅然として、「私らにはこれで十分」と応えたという。

それでも敷地は二〇〇坪（借地だが、後に東京市から購入）あり、黒板塀に囲まれた門構えの邸だった。増築された洋館の応接間（約八畳）は時々記者会見の場となっていた。

この芝公園の原邸には常に人の出入りがあり、毎日一八、九人の人が集まっていたという。たとえば政友会のメンバーをはじめ後援者、郷里のお偉いさんあるいは親類縁者の関係者等々である。原敬が最期となったこの日は、いつもより人の出入りは少なかったという。

さて、午前八時ごろ、寝室の布団に腹這いになって朝刊を読むのが原の一日の始まりであった。元新聞記者（郵便報知新聞、峡中新報、大東日報等）だけに、全紙に目を通す。

ちなみに、新聞をチェックするのと同時にヘモグロビンを飲むのがルーティンであった。三年前に総理大臣になってからである。ストレスにより鉄分が不足し、貧血症になる恐れがあったからだ。

朝日新聞、毎日新聞、萬朝報、読売新聞、都新聞、時事新報など、とくに自身の記事を念入りに読むのは当然として、気になる新聞は目を皿のようにしてチェックした。それが読売新聞である。

読売新聞は原敬を目の敵にしており、これまで原はスキャンダルの標的となっていた。原にとって苦い記事は一九一四（大正三）年三月二六日付と一九二一（大正一〇）年四月二九日付である。

前者は、「原敬の妾宅は東京市浜松町にあり、黒板塀で囲まれて忍び返しの外に松の枝が張り出ている。細い門柱から玄関の格子戸まで約二間（四メートル）ばかり。御影石の敷石に松葉がこぼれちょっと風情のある洒落た二階建てである。当時、内務大臣の原はたいてい馬車で夕暮れにやってきて夜一一時前後に帰る」という記事である。

芝公園の私邸から一キロほどの近さに愛人が住んでいたというのだ。記者の張り込みの結果、愛人（妾）は三五、六歳で「美術的な顔でもない」と報じられている。元京都祇園の芸妓で、当時「小万」という名でお座敷に出ていた。原が大阪毎日新聞社の社長時代に知りあったらしい。小万一九歳、原四二歳。その後、原は身請けして妾としたのだった。

この読売新聞の記事が浅夫人の知るところとなり、ちょっとした家庭騒動となった。浅夫人は漢字が読めなかったために内容を解することができず、原はこれ幸いと徹頭徹尾「新聞のでっち上げ」と強く否定したという。しばらく浅夫人は機嫌が悪かったものの大事には至らずに済んだ、と後に一人息子の貢が述べている。

原を捉えたスキャンダルの二回目は、「原大臣の隠れ趣味」という見出し。「原の自動車はたいてい夕方四時から五時の夕暮れにやってきて、夜十時ごろに家（愛人宅）の前を離れる」と記している。愛人は元祇園の芸妓で同じ人物である。以前の浜松町から千駄ヶ谷に移転していた。マスコミに勘づかれ引っ越したのであろう。こちらも閑静な屋敷町の一角にあり大きな邸宅であった。原は以前、私邸から近かったせいか馬車通いであったが、今回は自動車を使用していた。

原はこの愛人の将来を案じてか、貸し家を持たせたり書道を習わせたり、自立できるように心配りをしていたという。原の死の数年後、一人息子の貢がこの愛人宅を訪ねたことがあった。この時の印象を、貢は書き残している。

「立ち居振る舞いが毅然としており、話し方もキビキビとして、義母（浅夫人）とよく似ていた」本妻と愛人に共通の雰囲気があるのは、二人ともお座敷の経験があったからであろうか。すでにこの時、書道のお弟子さんが数人いたという。

この記事は暗殺の約半年前に出た。おそらく中岡はこの記事を読み、原に対する憎しみを募らせたに違いない。

風当たりの中での勝利

世情は「大正ロマン」「大正モダニズム」といわれた時代である。帝国劇場や映画館は常に盛況、東京の歓楽街・浅草は、連日芋洗いの如く人で埋め尽くされた。街には欧州の影響を受けた〝モダンガール〟と呼ばれる若い女性も登場し、お洒落を楽しむ余裕さえ漂っていたのである。

ところが一方で、庶民の暮らしは楽ではなかった。造船、製鉄、鉱山そして印刷業界や新聞業界もストに入る状況で、茶の間への新聞の遅配も起きていた。各地で労働争議が頻発していたのである。

とくに官営・八幡製鉄所は職工一万三〇〇〇人が改善を求めてストライキを挙行し、数千の職工が溶鉱炉を襲撃しようと集まり騒乱状態となった。

一九二〇（大正九）年二月五日、時の総理・原は警察のほかに憲兵を出動させた。この結果、二二四人の職工が解雇され、組合は壊滅状態に追い込まれ事態は収束した。原の強硬策は藩閥勢力の主、山県有朋を感動させて、「総理続投」と言わしめたのである。

とはいえ、原に対する風当たりはさらに強さを増した。原をとりまく問題は、満鉄、阿片、尼港、さらにシベリア撤兵、青島還付、東京市疑獄と目白押し。それらはたとえば満州鉄道に便宜を図り、あるいは阿片の売却をめぐりその収益が原の率いる政友会に流れているのではないか、との疑惑であった。国の舵取りができないのは総理の責任と、新聞や雑誌からも叩かれた。追い打ちをかけるように戦後恐慌で株式市場は暴落、経済不況は深刻さを増していた。

かような状況下、原の辞任を求める群衆が約二万人、原邸に押しかけ、抗議の声を挙げる事態が発生した。原自身は身の危険を感じ、自らの首にお守り用のネックレス、観音像をぶら下げて神頼みするしかなかったという。このとき原の地元・盛岡では、郷里の英雄の身の安全を祈願して大宮権現の神前に地元民五〇〇人が集結、原の無事を祈った。

結局、原内閣は総辞職し、一九二〇年五月二〇日、民意を問うために総選挙が行われた。結果は、四六四議席のうち二七八議席を原の率いる政友会が獲得。原への批判が募る一方で、まだまだ政友会は根強い人気があったのである。

政治家と芸者

この勝利に地元盛岡では大騒ぎとなった。盛岡で開催された八月二七日の祝賀会の列席者は、裁判官から八百屋さんまで一五〇〇人余りにのぼった。花火が高々と打ち上げられ、提灯行列が市街を練り歩いた。

この祝賀会には地元の芸者が大勢参加して色を添えたという。原は盛岡の花街でも人気が高かった。妻が芸者上がりということが親近感を呼び、人気の要因であったのだろうか。

現代ではあまり考えられないが、そもそも政治家と芸者の関係は濃密といってもいい間柄が多く見られた。会合と称するお座敷に芸者は付きもので、政治家が重要な話をする場に芸者がいたのである。今の時代、芸者になりたいという人は多くないだろう。だが、当時は今の子がアイドルを目指すように、お座敷への道に憧れる娘も多かった。ひょっとするとファーストレディ、つまり総理夫人になれる、そんな可能性が存在していたからに違いない。

初代総理の伊藤博文の場合、妻の梅子は芸者上がりだった。欧州から帰国した際に、下関で芸者をしていた一七歳の小梅（のちに梅子）と出会い、先妻と離婚したあとに結婚した。長州出身で吉田松陰の松下村塾にいたこともあり、一見堅物かと思えるがそうではなく、この手の話には事欠かないのが伊藤博文である。まさに「英雄色を好む」を地で行った人物といえるであろう。

伊藤は北里柴三郎と並び「お酌の鬼門」と言われた。芸者にとってはすぐ手を出してくるから気をつけろという意味であろうか。当時、「オッペケペー節」で有名な川上音二郎の妻である女優の川上貞奴《さだやっこ》は、葭町《よしちょう》（現・中央区日本橋）で芸者をしている時に伊藤と交遊があったという。また大阪に行けば、キタとミナミの芸者たちをお座敷に呼び寄せ、気に入った芸者をピックアップして夜の相手にしていたと伝えられている。

自宅の滄浪閣《そうろうかく》には頻繁に芸者の出入りもあった。しかし妻の梅子はこうした芸者たちに「ご苦労をおかけします」と言って、帰り際に金細工の帯留を土産に持たせたと言い伝えられている。

少しも悪びれず大っぴらの行動こそ伊藤博文たるところ。だが、あまりに度が過ぎるのを明治天皇から「少しは慎みなさい」といった内容のお言葉があったとさえ漏れ伝わる。

一九〇九（明治四二）年一〇月、伊藤がハルピンで暗殺された時、梅子は勝気な性格で涙ひとつ見せなかったという。

「板垣死すとも自由は死せず」の名言を残した板垣退助は、お妾さんが四人もいた。そのうちのひとり清子《せいこ》は、新橋の金春《こんぱる》芸者で一、二を争う人気の美人であったらしい。この清子を落とすとは、よほど口が上手かったのか。

清子はその後、板垣の子を身ごもり出産した。けれども産後の肥立ちが悪く、若干二〇歳で亡くなった。赤子も死亡した。板垣はいたく悲しみ落涙したと伝えられている。墓は板垣が建てた。今では品川区の史跡（高源院）に指定されている。

清子と甲乙つけがたい美人芸者に触れないわけにはいくまい。新橋芸者ナンバーワンの呼び声高い美人はその後、鹿鳴館の華といわれ、ついにはワシントンの華といわれた。亮子である。お座敷名は小鈴（あるいは小兼）。いろいろな口説き文句で政治家も含めて男から誘われたであろうが、毅然としてなびかず身持ちは堅かったという。

しかし亮子を口説き落とした男がいた。原敬が生涯にわたり恩師として尊敬していた陸奥宗光であった。陸奥は先妻（蓮子）が亡くなり、翌年に亮子を妻とした。時に亮子一七歳。

陸奥は坂本龍馬の海援隊に属していたこともある。のちに駐米公使や農務商大臣、外務大臣を歴任した。陸奥は紀州藩の出身で父は国学者、歴史家として知られていた。

若き頃は「吉原通い」が過ぎて叱責されたことも。だから口説き文句はその頃から磨いていたのかもしれない。先妻も芸者であったとか。さらに京都・祇園の芸者にも手を出し子供までつくらせている。

なお、陸奥は先妻との間に二人の息子がいた。一人が広吉。もう一人が潤吉。亮子との間には一人娘をもうけている。名を新橋の花柳界で美人の双璧といわれたライバルの清子《せいこ》と同じ漢字をあてて「さやこ」と呼ばせた。けれど二〇歳で急逝した。

この亮子、夫の没後、夫と祇園の芸者との間にできた娘（金田冬子）を引き取り育てた。だが亮子は四五歳で亡くなり、残された冬子は広吉の養女となり陸奥家に入ったのである。広吉は父同様に外交官となった。イギリス留学中に知り合った英国女性と結婚している。

政治家と芸者の話題にもう少し触れておく。藩閥勢力の首領《ドン》・山県有朋と〝老松ねえさん〟の関係は、当時から有名な話であった。さらに第一一代総理の桂太郎が身請けしたのは〝お鯉ねえさん〟。お鯉（安藤テル）を桂に紹介したのが山県有朋である。

お鯉は父の事業の失敗により六歳の頃、茶屋の許（安藤兼作）へ引き取られた。一六歳の時、新橋の近江屋よりお座敷デビュー。抜群の美貌であっという間に人気となり、一九歳で歌舞伎界の市川家橘（羽左衛門）と結婚した。が、三年後に離婚。今度は柳橋に移って再びお座敷へ。折しも日露戦争の真っ盛りで、時の総理大臣・桂太郎はその責任感から夜も寝られず頬もげっそりとそげ落ちて、時々眩暈の発作もあり半病人の如くであった。山県有朋は気分転換にと、桂のために浜町料亭の常盤家で慰安の宴を開く。女将の肝いりで美しい芸者が大勢やってきたのだった。

この中にお鯉がいた。抜群の美貌に加えて才知に長けたお鯉に、桂総理はすっかり夢中となった。桂は元気をとり戻したのだ。お鯉は二五歳で桂に身請けされた。

榎坂町の妾宅は、山県有朋、伊藤博文、井上馨、西園寺公望らの元老の非公式の会議場であったともいう。

日露戦争終結直後、日本が賠償金を得られなかったことに民衆は怒り、日比谷焼き討ち事件が起きた。その際、「桂とともにお鯉も殺せ！」との声があがったという。

桂の没後、お鯉は銀座通りに〝カフェー〟を開き、この分野の先駆者となった。晩年は目黒の古寺（羅漢寺）の尼僧となったと伝えられている。

原敬と女たち

芸者に限らず女性を身請けして特別な愛人契約を結ぶのが、〝お妾さん〟と呼ばれた存在であった。お妾さんはかつて妻と同等の二親等であり、身分を保証されていたこともあったらしい。であるから正妻が亡くなった場合、お妾さんが昇格して妻の座に就くというケースは少なくなかったのである。

とはいえ原敬の浅夫人の場合は違った。原は妻・貞子の不貞により正式に離婚した。晴れて浅夫人が妻の座か、と思いきや「わたしは教育を受けていません。到底正妻になる資格はございません」と拒んだ。いくら原がプロポーズしても拒み続けたという。

原自身は「浅は私を助けて一五年になる」と感謝の言葉を繰り返したのだが、「このまま（妾）でいい」と首を縦に振らなかった。やむなく周辺からの強いプッシュにより浅夫人は折れて結婚した。時に原五二歳、浅三七歳であった。

東京の花柳界は柳新二橋といわれ、全国からキレイどころが集まっていた。二橋とは新橋芸者と柳橋芸者のこと。この他には芳町、赤坂、神楽坂、浅草、大塚、向島等の地域に花街が形成されていた。東京以外で有名な花街といえば京都の祇園だ。原のお妾さんの小万さんがそちらの出身なのは前に記した通り。

原敬と女性の関係にスポットライトをあててみると、ハッキリと証拠らしきものが残っている。それが原の書いた数々の文《ふみ》だった。

原が二十代前半の頃、浅草の三味線を教える二階の一室を間借りしていた時期だ。郵便報知新聞の記者時代、吉原の中米楼の芸者と親しくなった。その名を〝およし〟といった。およしは神田の由緒ある武士の娘だったが、明治維新により家が没落、芸者となった。年齢は原と同い年だった。

原の文は十数通に及ぶ。いずれもおよしが大事に保管していたもので、およしの死後に見つかり報知新聞が報じた。

しかし原は、貞子と結婚したことで、およしとの関係を絶った。およしはその後、別な男と結婚したものの死別、踊りの師匠として暮らした。一九〇七（明治四〇）年に病死、東京・山谷の寺に葬られたという（一九一四年二月二七日付報知新聞）。

かくの如く人生は、出会い別れ色々あるけれど、不思議な縁で繋がり、ステップアップする場合もあれば、そうでないこともまた人生である。

原敬の場合は記者時代（大東日報社）、井上馨（当時外務卿）の下関行きに九日間にわたって同行取材したことが、次のステージの幕を開けるきっかけとなった。これを機に井上は原に演説原稿を依頼。日本銀行開業時の祝宴スピーチである。これが好評で、原は外務省入りとなった。そして下宿住まいから赤坂溜池町に一軒家を借りた。出世への階段に足をかけたことになったのである。

第2章　交差する運命

中岡の駅員時代

原敬と中岡艮一の距離は、この時点でまだ三里ほどある。やがて二人の距離はどんどん縮まって交接する。その時に歴史は変わる。

……大塚駅が次第に近づく。一見、壮士風の中岡はこの日、休みをとっていた。できれば上司（助役の橋本栄三郎）とも顔を合わせずに電車に乗りたい。

この大塚駅の見習い駅員となった当初の仕事は、痰壺掃除、便所掃除、駅名喚呼そして連結作業の手伝いであった。貨車と貨車との間に入って連結する仕事は危険が伴う。大きい駅には専門の連結手がおり、危険手当もあった。が、大塚駅は小さな駅なので駅員が交代で連結をやり、危険手当は出なかった。

現在の大塚駅

中岡は朝八時から翌朝八時までの二四時間勤務である。この間、寝るのはたったの三時間だけ。畳の上ではなく夏でも冬でも机の上か椅子を並べて横になった。毛布や布団はなく、私物の外套をかけて寝たという。

日給は五〇銭の本給と徹夜手当を合わせて九五銭五厘（月収で現在の一五万円前後）であった。

大塚駅時代、中岡には忘れられぬ女の子二人がいたという。豊島師範付属小学校二年の女生徒二人である。「学校で絵を描いたから見て」とか「抱っこして電車から降ろして」と駅員の中岡にすり寄ってきたという。抱っこして降ろすと以来、いつも女生徒二人は中岡をご指名。他の駅員ではダメであった。女生徒からやさしい駅員さんと見られていたのだろう。また鉄道ファンの少年からも、中岡はよく声をかけられたという。

さらにこんなこともあった。池袋方面から線路伝いにトボトボ歩いてきたのは、親とケンカした家出少年であった。駅員室で説得し電車賃をあげて帰ってもらった。駅員時代はさまざまな思い出があったと中岡は回想している。

しかし、いい思い出ばかりではない。

大変だったのは、冬の寒い夜の〝飛び込み〟だった。事故の場合も自殺の場合もあったが、駅員は顎紐を下ろし合図灯を持って現場に急行しなければならなかった。そして警察医が来るまで轢死体の見張り番をする。大体二間（三・六メートル）離れて番をするが、その間も電車は頻繁に行き来するから気を配らなければならない。当時は野良犬がやたらに多かったから、血の匂いに誘われて近寄ってくることもあったという。検視が済むと轢死体は運ばれていく。

なかでも一つ年上の先輩、Sの事故は中岡を苦しめた。事故は昼飯時に起きた。

いつものように母から届けられた弁当を受けとってまもなくのこと。ホーム内が騒ぎとなっていた。母が戻ってきて蒼白な顔で「艮一じゃないでしょ」と叫び、わが子が弁当を食べている姿にホッとした様子を見せた。中岡はすぐさまホームに駆けつけた。以下は中岡の手記より。

「しゃがんで電車の下を見ると転轍手の印である緑の腕章が目についた。Sがやられた。死体を電車の下から引き出さなければならなかった。そこで私は腹這いになって、電車の下に半分ばかり体を入れて、Sの死体を引き出して、傍らの戸板の上に寝かせた。私は工夫の頭《かしら》と二人でSの死体を清めてやった。油のついた頭は揮発油でよく洗ってやり鼻孔と耳からは血が出ているので脱脂綿をつめて血の出ないようにした。開いているままの両目は何度も指で瞑《つむ》らせた。（略）Sの両親が駆け付けて来られた。（略）私達は無言のままに頭を下げると、涙をおさえながら、同じく無言で礼を返した。（略）荷物列車で駅長付き添いの上、Sの家に近い十条駅へ送られた」

中岡とSはこの年（一九二一年）の春、飛鳥山で一緒に花見をした仲で、普段からよく話していた。だが、ある一件以来、二人の間には感情的なもつれが生じ口喧嘩に発展、距離をとっていた。それは、中岡に転轍手の辞令が出たが、一年先輩のSには出なかったことで、後輩に追い抜かれたことにSはショックを受けていた。以来、Sはふさぎ込むことになった。転轍手とは列車の線路を切り替える操作係のこと。かつては人の手で行われていたのである。

Sが亡くなった翌日の新聞では、「バナナの皮に滑って若き駅員殉職」と報じられた。

資産家暗殺事件

職場の大塚駅が中岡のすぐ目の前に迫っていた。開業は一九〇三（明治三六）年、中岡の生まれた年である。初めて出勤したのは二年前の一一月、今の季節と同じだ。

何人かの通勤客と行き交う。切符を買い、改札口をくぐり抜けホームへ。改札口では駅員がちらっと中岡を見たが、声はかけてこなかった。駅長や助役とは会わずに少しほっとした。

そもそも中岡は、誰とでも口を利くタイプではなかった。職場でも決まった人としか言葉を交わさない。とはいえ挨拶ぐらいはもちろんする。これまでSとよく話をしていた。橋本助役とも仕事以外の話をよくした。新聞ネタが主ではあるが、時には胃腸に効く温泉場はどこがいいか、と年下の中岡に聞いてくることもあった。助役は胃が丈夫でなかったのだろう。

橋本助役は中岡よりも一六歳上の三四歳。中岡より後に大塚駅にやってきた。その前は立川駅勤務であった。橋本助役と中岡は気が合ったのかもしれない。将棋好きなことも中岡の父と重なったのだろうか。特に政治や経済のことをかなり突っ込んで話した。助役からは何度も「家に遊びに来い」と誘われた。煙草（敷島）をすすめられて一本吸ったが、好きになれなかった。たとえ親しくなっても、ある程度人との距離をとるのが中岡のスタイルであった。それでも一度だけ橋本助役の家に行ったことはある。浅草の小島町二七番地に自宅はあった。内縁の妻が髪結いの店をやっていた。

この小島町に中岡は縁があった。六歳の時に全身に腫物ができる病に罹り、小島町の楽山堂病院に通院していたことがあったのだ。目と口を除き包帯でぐるぐる巻きにされた覚えがある。病院帰りは必ず上野や浅草で美味しいものを食べたという。腫物が治ると中岡は毎朝、肝油を飲まされた。

小島町の橋本助役宅に伺った際、毎日立川駅まで七年間も通い続けたと聞かされて、何と忍耐力のある人だと中岡は橋本助役を密かに尊敬した。

この橋本助役がさかんに「エライ！」と連呼する事件が一か月半前、一九二一（大正一〇）年九月二八日に起きていた。安田財閥の祖である安田善次郎が暗殺され、直後に自死した人物・朝日平吾のことを、助役は「エライ！」と繰り返したのだった。

朝日平吾は第一次世界大戦後、満州に渡りいわゆる大陸浪人となったが帰国、東京で政治ゴロのような生活をしていた。右翼団体の設立を試みるも失敗、職も点々とし行く先々でトラブルを起こすような人物で、次第に社会への不満を募らせるようになっていた。「死ぬときは必ず大物を道連れにしてやる」を口癖としていたが……。

大磯天王山の安田の別荘に、朝日は弁護士を騙って訪問した。奥の応接間（十二畳間）で三〇分ほど話すと突然、短刀で安田の顔面を襲った。安田は庭に逃げたものの捉えられ刺殺された。その直後、朝日は縁側に胡坐をかき、咽喉部を右から左へ一文字に突き刺して自刃したのである。

朝日は遺書とともに「斬奸状《ざんかんじょう》」を携えていた。それは「天誅ヲ加ヘ世ノ警メト為ス」（天誅を加えて世の戒めとする）で結ばれる内容で、資産家を憎む民衆の〝義憤〟が満ちたものだった。当時、安田財閥の資産は二億円。政府予算が二〇億円というから大財閥であった。この事件は不況にあえぐ世情の中、朝日を英雄視するかのごとくマスコミに伝えられ、大衆は朝日に同情的だった。

なお、朝日の葬儀は大塚上町の西信寺で行われ、会葬者は数百人にのぼったという。橋本助役と同様の感情の持ち主が多かったのだ。

この葬儀会場と中岡の自宅はそう遠く離れていない。中岡がここを訪れた可能性は低くないと思われる。もし参列していたなら、会葬者の数に「まるで英雄扱いではないか」と中岡は実感しただろう。財閥の人物でこの数か。ならば一国の総理という大物では……、と中岡は〝英雄〟に自分を重ねていたかもしれない。

暴動の記憶

中岡は大塚駅のホームに立ち、もう見納めかもしれないと駅そのものをしっかり目に焼きつけた。かつての親友Sもこのホームから落下して亡くなった。雪の降る深夜にも合図灯を持ち顎紐を下ろして轢死体に駆け付けたこと、夜勤の思い出が残る駅舎、さまざまな人間模様を見てきたホーム……。一八歳の中岡にとっては濃密すぎるほどの経験をこの職場で重ねた。

池袋方面からやってきた電車に乗り込んだ。まだ時刻は午前八時を少しまわっただけ、時間はたっぷりあった。車内は通勤客や通学客で混んでいた。中岡はドアの脇に立った。たとえ長椅子が空いていようともめったに座らない。

中岡はある母子連れに目をとめた。母の背中に赤子がおんぶされている。母親はまだ二十代であろうか。

赤子を見て中岡は「おれもあの頃があったのか」と窓外に視線を走らせた。あの赤子よりは上の頃であっただろうか……。

――数十羽の鶏が狂ったように逃げまわっている。あちこちで爆発する音が鳴り響き、煙が立ちのぼっていた。大人たちも右往左往の様子で、多くの警察官、消防団が「やめろ！」「暴力はやめなさい」と制止するものの、騒ぎは一向におさまらなかった。それどころかますます大きくなる。鶏のバタバタとする羽の音が緊迫感をあたりにまき散らす。

誰かの「逃げろ」との声がする。するとまもなくドカーンという爆発音とともに家屋が崩れ落ちた。何者かが鉱山用のダイナマイトを家に投げ込んだらしい。しかもあちこちでダイナマイトの爆発音が轟く。たちまち炎が噴き出し煙が立ちのぼった。消防隊員は必死に消火に努めるが、火の勢いは増すばかり。まさに阿鼻叫喚、戦場の如きであった。

後に両親から繰り返し聞かされたこの光景を、当時三歳だった中岡もよく覚えていた。足尾銅山の暴動だった。

一九〇七（明治四〇）年二月七日、長年にわたり安い賃金で働かされてきた坑夫たちの鬱憤がついに爆発した。中間業者の賄賂の噂も坑夫たちに伝わり、怒りに火を注いだ。途中、会社側と坑夫側との交渉がもたれたものの決裂、暴動は続行された。その間、所長の南廷三は家を破壊されただけでなく暴行を受け、銅山病院へ担ぎ込まれた。

中岡の父・精《くわし》はこの銅山で木材主任をしており、一家で掛水地域にあった社員寮に住んでいた。暴動勃発の際、中岡と母は近くの農家に逃げ込んだ。この農家では常日頃、野菜やイチゴなどを買って親しくしていたからだった。

一方、父はすぐさま作業着に着替えて雇人（アルバイト）の格好をして事務所を守った。技師である精は、坑夫たちに吊るし上げられる立場だ。

大きな所長宅に暴徒（坑夫）たちが土足のままに飛び込む。部屋の中から壺や茶わんなどの什器を持ち出し、罵詈雑言を吐きながら次から次へと近くの池に放り投げた。豪華な金屏風やソファも家から引っ張り出され、土足で蹴っ飛ばされ踏みつけられた。

中岡はやがて父と合流した。「大変なことになった」と父が呟く。だが、暴動の騒ぎは収まる気配はなかった。ひょっとすると暴徒らがここ（農家）にやって来るかもしれない、という不安と恐怖に身の危険さえ感じた。

暴動四日目を迎えた日、ラッパの音がけたたましく鳴り響いた。これを耳にした父は「もう大丈夫だ」と叫んだ。ラッパは軍隊の出動合図だ。まるで西部劇もどきである。危うい状況で登場する、かの騎兵隊ではないか。

軍隊はトロッコに乗り、剣をぶら下げ銃を掲げて駆けつけた。すると暴徒らは一斉に禿山の方に逃げ去った。暴動は四日目にして鎮圧された。

初めての〝出会い〟

足尾銅山は栃木県の西部、山深いところに位置する。足尾の銅の生産量は国内の四割を占めており、大鉱山であった。

当時、坑夫たちは頭に手ぬぐいを巻き、ハンマーやドリルのようなものを使い手作業で掘削していた。坑道は暗く、松明《たいまつ》を持っての作業であった。常に地下水が滴り落ちており、下に溜まった水を桶にためて外にかき出す、バケツリレーの厳しい仕事であった。

中岡がこの足尾で生まれた時、父は「山一番の大きな子、兵隊だ、兵隊だ」と叫んだという。ふつうより大きな赤子であったし、男子は日本のために兵隊に行くことを本望としたからであろう。男の子は「兵隊さん」。女の子は「お嫁さん」になるというのが、当時の子供たちの定番であった。

父の「あんに喜ぶ姿を見たことがない」と中岡は母から聞かされた。中岡の名前は「艮一」

だが、なぜ父はそう名づけたのか。そもそも「艮《こん》」とは易の八卦の一つで「うしとら」。つまり丑寅。意味は「繫ぐ」とか「堅い」である。土佐藩出身の武士の末裔として誇りを持ち、「一番堅固な男子たれ」の願いで名づけられたのであろうか。

中岡が一歳七か月になると、新しい副社長が足尾にやってきた。原敬である。

原が足尾銅山・古河鉱業の副社長に就任した理由は、恩師の御子息から強い要請を受けたからであった。恩師とは「外交の切れ者」といわれた陸奥宗光である。陸奥の妻・亮子は新橋芸者出身で、その美貌と才知は〝鹿鳴館の華〟ともいわれた。

陸奥宗光

原が陸奥と出会ったのは三四歳の時。パリから帰国後、農商務省参事の職に就いたのだが、この時の上司が農商務相の座にあった陸奥だった。やがて陸奥は原を通商局長に推薦。この時期に原は新橋芸者で後に夫人となる浅と出会っている。

第二次伊藤博文内閣で外務大臣となった陸奥は、外務次官に原を指名した。原の喜びようはいかばかりであったか。陸奥は日英通商航海条約をはじめ、米、独、伊、仏とも同様の条約を締結。江戸末期に結ばされた不平等条約の改正に辣腕を振るった陸奥に、原はすっかり心酔し、生涯にわたって「恩師」と言って憚らなかった。

この陸奥の長男・広吉（外交官）から、「古河家に入って全権を握って欲しい」という要請を受け、原は古河鉱業の副社長となったのである。

足尾銅山を運営する古河鉱業は、社長の古河市兵衛が亡くなり、子息（潤吉）が経営を継いだものの体が弱く、心もとない状態だった。そこで、すでに大阪毎日新聞社長や北浜銀行頭取の実績のある原に縋ったのである。『原敬日記』（一九〇五年五月二八日付）をみてみよう。

「副社長就任後に古河事務所に行き各課を巡視せり。晩に所長（筆者注：南廷三）を招き晩食。給料は当時の一千円也。内訳は六百円が会社。古河家より四百円。古河家より提示されて受諾せり」

現在の貨幣価値では五〇〇万円前後の給料であろうか。

これにより原は、中岡の父が勤務する古河鉱業入りすることとなり、社員寮にいた中岡家と繋がった。時に原敬、四九歳。中岡艮一、一歳七か月。この二人が十六年半の時を経て、被害者と加害者という関係が形成されるのだ。

むろん、誰も知らない。中岡の父は事件の前に病死。当事者の原自身も誰に襲われていたのかもわからずに黄泉の国へ。そして中岡自身も、一歳七か月では知る由もない。

原敬と古河財閥

古河鉱業の創始者は、鉱山王といわれた古河市兵衛である。新潟県の草倉銅山をはじめ秋田県の阿仁銅山、院内銀山で成功をおさめ、さらに足尾銅山を手にいれた。この際、古河市兵衛は渋沢栄一や陸奥宗光のサポートを受けた。この縁で古河は陸奥と深い関係を築く。古河には子供がなく、陸奥の次男・潤吉を古河家の養子とする縁組を結んだのだった（ただしその後、市兵衛は柳橋の芸者との間に子供ができた。虎之助である）。

古河鉱業の副社長を引き受けた原はさっそく足尾銅山に出向き、現場の採掘場、精錬所、および工場を五日間にわたって見て回った。そして幹部社員を会議室に招集。今後の会社の方針を述べた。

原は班制を導入、「業績を上げたチームには特別ボーナスを支給する」と競争心を煽り、従業員のやる気を引き出す方針を声高らかに訴えた。原の演説は聴衆を惹きつける魅力があり、かつ声もよく通ったという。これまでの年功序列を廃し、能力主義をとり入れた。さらに社員の若返りをはかり、特に京都帝大や東京帝大卒のエリートの採用を打ち出す。

原が副社長に就任後、まもなく社長の潤吉が病没した。このためコロンビア大学に留学中の市兵衛の実子、虎之助を日本に呼び寄せて第三代社長とした。まだ若干二十歳ゆえ古河鉱業の重鎮（木村長七）を後見人とさせた。やがて重鎮の木村を勇退させた。

トップの人事を取り仕切った原は古河家の家憲まで起草し、名実共に古河鉱業の実権を握った。その後、原は内務大臣に入閣し、表向きは古河鉱業を退社。けれども実質は、古河鉱業の重役人事や重要案件に深く関わっていたのだ。原の日記（一九一三年一二月八日付）には、「顧問料として『微志』を受けた」とある。顧問的な存在として長く繋がりを持っていたようだ。「平民宰相」といわれた原だったが、現実には盛岡に豪華な別邸、腰越別荘など莫大な資産を有していた。陸奥を仲介として始まった古河財閥との繋がりは、原を財政面で大きく支えたのである。

原は政府と古河鉱業のパイプ役となった。政界に転じてからは名目上は古河鉱業となんの繋がりもない原であるが、黄金の太いパイプを手離すはずもない。閣僚の任が解かれ、自由な時間ができると、鉱山視察と称して豪勢な欧米の旅を敢行しているのだ。同行したのは外務省を辞めて古河鉱業に入社させた男ら二人だった。

視察の旅は、カナダ・バンクーバーからアメリカ・サンフランシスコを経由して大陸横断鉄道でシカゴへ。ナイアガラの滝を見学し、バッファロー、ピッツバーグを巡り、ワシントンに到着した。この間、銅の精錬所、ダイヤモンド鉱山（ビュッテ）、イリノイ製鋼所（シカゴ）、カーネギー製鋼所の産業施設を視察。ワシントンでは高平小五郎大使の勧めでセオドア・ルーズベルト大統領とも謁見した。その後、鉄道でニューヨークへ。ハドソン川底を横切るトンネル工事や船舶を見学。株式取引所やニューヨークタイムズ社、ハーバード大学を見学し、ヨーロッパへ渡った。

汽車でパリへ到着すると、粟野慎一郎駐仏大使らが出迎える。ベルギー、オランダ、スペイン、ポルトガル、トルコ、ブルガリア、ハンガリー、オーストリア、デンマーク、スウェーデン、ロシアを歴訪した。翌一九〇九年にモスクワを出発し、シベリア鉄道で帰国の途に。約六か月の米欧の視察で、総費用は二万一〇〇〇円（現在の価値で三億一〇〇〇万円）。ほとんどが古河鉱業の負担であったと思われる。

海外視察の経験は重要であると、原敬は社長の虎之助にもアメリカ、メキシコ、カナダの鉱山を視察させている。虎之助は長い間、母（元柳橋芸者・小清）と二人暮らしであったためか、少し気が弱いところがあった。原はあえて海外に行かせ、精神的に強くなって欲しいとの願いがあったのかもしれない。

ちなみに原は実弟の誠を足尾銅山・古河鉱業に入社させていた。パイプはしっかりと繋がっていたのである。

第一次大戦前後、銅需要の高まりを受け、古河鉱業はさらに利益を拡大していったが、一方で明治初期以来の公害問題が深刻さを増す。足尾銅山から漏れだす鉱毒が、渡良瀬川流域の農作物に被害をもたらした。渡良瀬川治水工事が始まり遊水地が作られたものの、公害問題は大きな社会問題となっていく。

足尾銅山の公害問題は、ある父子の確執のきっかけとなり、それが『暗夜行路』という名作を生んだ。作者は白樺派の志賀直哉。ここにも白樺派が登場している。

中岡家の教育

中岡一家が足尾銅山から東京へ引っ越してきたのは一九〇九（明治四二）年のこと。あの暴動から二年後のことである。父・精は東京府の土木課に勤務先を変えたのだ。隅田川にかかる厩橋の近くで、住所は本所区外手町五七番地。中岡五歳の時である。この地域から中岡は幼稚園、小学校へ通うこととなる。

精は囲碁・将棋が趣味で、休みの日などは一人で石や駒を並べていたという。一度、教えて欲しいと中岡は父にお願いしたことがある。だが、子供が覚えるものではないと断られた。囲碁・将棋に夢中となり学校の勉強がおろそかになるのを恐れたからであろうか。代わりに習字は丁寧に教えてくれた。

小学校は近くに二つあり（明徳小学校、二葉小学校）、妹は近くの明徳小学校に通学。一方、中岡は遠い相生小学校に通わされた。当時、乃木式教育（乃木希典陸軍大将が学習院長の時に確立した教育方針）を取り入れていたのが相生小学校であったからだ。土佐藩出身の男子は強くたれ、との父の願いであったのかもしれない。

大雪のある日、中岡は通学途中に転倒し、学校に行かずにそのまま自宅に戻ったことがあった。父に叱られて後日、先生宛の手紙をもたされた。

「甚だ不都合ゆへ叱責しました。宜しくご訓戒下さるやうに御願い致します」

それに対する先生からの返信も、中岡にとっては辛かろうものだった。

「御通知に接し放課後に充分訓戒致し置き候間、御安心下され度候」

さて、東京へ引っ越して三年目、中岡九歳の時である。父から「恥ずべき日本男子」の話を聞かされた。一九一二（明治四五）年四月に起きたタイタニック号の沈没事故は世界的な大ニュースとなった。この巨船に一人の日本人が乗っていた。鉄道院主事を務めていた細野正文である。

イギリス・サウサンプトンからニューヨークに向かう途上、タイタニックは氷山に衝突した。この時、救命ボートに乗り込むのは「女子供」が優先で、このため大勢の男性客は海に消えた。そんな中、唯一の日本人は救命ボートに乗り込み助かった。

このことは、当時の日本で大顰蹙を買った。まして鉄道院から派遣(欧州視察)され、その帰途、「思い出作りに」と勝手に豪華客船の処女航海に乗り込んでいたのである。国のため、あるいは忠臣蔵の如く主君のために己の命をも犠牲にする姿こそ、美徳とされた時代である。「女子供」を差し置いて自分だけ助かろうとする心根が卑しいというのが大半の世論であった。

私はこの当事者の御子息と直接お会いしたことがある。「世間から白い目で見られた。父は外にも行けずに家に引きこもり状態。なにしろ立教女学校では先生が、『あのような卑劣な男子は〝日本の恥〟』と教えていたのですからね」と言われたことをよく覚えている。

だからして中岡の父は、この人物を例に挙げて「土佐藩の士族たれ」と強調したのであろうか。中岡は小学校の登校前、義務づけられていたことがあった。それが家の廊下の雑巾がけ。父が決めたルールである。冬の寒い日も中岡はルールを守った。

普段は寡黙な父だが、酒が入ると饒舌となる。話の最後はいつも決まっていた。一つは土佐藩のこと。誇りと気概のある日本男子たれ、と。もう一つは足尾銅山の暴動のことであった。暴動の話になると母も参加して、話を広げるのが常であった。

母も士族の出である。父が土佐藩の話題になると苦笑する母だが、実は母は旗本内藤家家臣の浅利信隣の次女であった。内藤家は徳川家に仕え、大名クラスほどの権力を持っていたという。この家臣の浅利家の家系を調べると、武田信玄に繋がっていたことがわかった。ちなみに中岡の母の名は信《しん》という。気の強い女だと母自身が中岡に話していたのは、武士の娘の誇りを持っていたからだろうか。要するに中岡の両親は、バリバリの士族であった。

中岡は電車で移動している。彼はこの時のため、〝稽古〟に励んできた。夜になると自宅をそっと抜け出し、近くの天祖神社の境内で〝ぶつかり稽古〟を繰り返した。大きな銀杏の大木を目がけてぶつかっていく。手には棒切れを持って、だ。腰をやや落とし体がぶれないように、拳にもぎゅっと力を込めて体当たりする。数日間にわたってこの〝稽古〟は繰り返された。失敗は許されない。だが何が起こるかわからない。邪魔なやつが壁になるかもしれない。けれども壁を突き倒す自信は徐々に強くなっていった。準備は万端だった。

中岡の乗った電車は上野駅に到着した。ステッキを持ちハンチングを被った壮士風の中岡は下車した。多くの乗客も降りた。朴歯の音をカタカタさせて中岡は改札口を通りぬけた。

中岡と原の距離は大分縮まった。電車なら上野駅から三つ目で東京駅に着く。二人の距離は約二里（八キロぐらい）であろうか。原の自宅は東京駅から遠くない。

中岡はその間、今生の見納めと、上野、浅草界隈をしっかり見、食べ、時間をゆっくり消費していく。一方、原は一国の総理である。予定はびっしりと詰まっている。

二人が交差するには、まだ一〇時間以上あった。

第3章　原敬の足跡

子息の英国留学

午前一〇時に自宅を出なければならない。天皇への恒例の拝謁である。地方に出張の際は必ずご挨拶に伺う。それまで応接間でお茶をしながら談笑のひと時を過ごす。

原はティーカップを手にして、妻の浅夫人に話しかけた。

「今ごろ貢《みつぐ》はどのあたりにいるのかな」

「さあ、どのあたりなんでしょうか。船酔いは大丈夫かしら」

貢とは原の一人息子である。実子ではなく養子。貢は原の兄・恭《ゆたか》の娘、栄子の次男である。原夫妻には子供がいなかったため、次男が生まれたら養子と決めていた。栄子はかつて原の私邸に五年間住み、東京女学館専門科を卒業。二一歳の時に原の勧めで大阪の銀行マン（帝国商業銀行勤務の上田常記）と結婚した。そして貢を出産し、三歳まで手許に置き育てたのである。

この貢は先々月、横浜港からロンドンに向けて出発した。留学である。時に貢一九歳だった。予定は五年。二年間の英語の習得後、大学に入学する。単位を順調にとれば三年で卒業できるという。

貢が日本を発つ三日前の九月一六日、原は貢が乗り込む英国籍サーディニア号の船長と汽船会社の横浜支店長夫妻を首相官邸に招き、ランチを共にした。「どうぞ息子の貢をよろしく」という親の気くばりであろう。三歳から一九歳までずっと一緒に暮らしてきた息子である。五年間の別れは寂しいものに違いない。原は一〇歳で父を亡くしているから尚更、一人息子をいとおしく感じていたのかもしれない。

浅夫人の言う「船酔い」の言葉に原は一瞬眉をひそめ、心配そうな面持ちとなった。が、すぐに「大丈夫だろう」と思い直し、応接間に掲げてあるマルセイユ港に停泊する帆船の絵画に視線を走らせた。

――一一月の夕陽が海面を照らし朱色に染めていく。マラッカ海峡の美しい光景のひとつである。やがて色彩は失われ、海は重油を流したような色に一変する。長さ約九〇〇キロメートル、幅約七〇キロメートルの細長い海峡を、貢を乗せた英国籍サーディニア号はゆっくりと航行中であった。船酔いに悩まされたのは最初の二、三日だけ。気分が悪くなり船室で横になってばかりいた。四日目以降は船の揺れにも慣れた。

ロンドンまであと何日寝れば着くのか。そんなことを貢は考えながら英語の単語帳を開き、あるいは英会話の本を見ては繰り返し口に出して訓練した。横浜を出港したのが九月一九日であるから、すでに一か月以上もの船上生活だった。しかし船はアジア圏から抜けていない。ロンドンはまだはるか遠い。

船室の片隅に大きなカバンが置かれてある。カバンの荷造りはすべて父、原敬がやった。浅夫人が手を出そうものなら「いいから」とその手を払いのけた。浅夫人は原に言われたものだけをカバンのそばに集めた。

下着やらマフラーやらを、丁寧に一つひとつ順序よく、入れたり出したりして形を整えながらカバンに収めた。手垢で汚れた原の使った辞書や参考書等の勉強道具類、薬品類等々。

今度こそ、父の期待に応えなければならない。貢は新たな決意をした。これまでずっと父を裏切ってきた。高校(一高)は三度も受験に失敗した。最難関とはいえあまりに情けない。一回目は明らかな実力不足で合格は端から無理だった。二回目からは家庭教師をつけて臨んだ。が、また不合格。三回目はかなり頑張ったと貢自身は手ごたえを感じて臨んだものの、やはり失敗した。父の期待に応えることができず、貢は申し訳ない気持ちでいっぱいであった。

しかし原は怒らなかった。原も若き頃、何度も受験に失敗し、挫折を味わっていたからだ。盛岡から上京後、授業料のかからない官立の海軍将校養成学校を受験したが失敗。翌年再び挑戦するもまたも落ちた。息子の気持ちを理解できるというもの。落ち込んでいる時こそ、忠告めいたことをせずにやさしく接し、励ましていた。それがあって、貢には英国留学を勧めたに違いない。

頑張りたい、と貢は思ったものの、船中に長い間閉じ込められていると不安が頭をもたげてくる。果たして英国で友達ができるだろうか。みんなとコミュニケーションがとれるだろうか。そもそも英国に馴染めるのか……。

原一家（1918年）。左から浅、貢、敬

けれど、もう後戻りはできない。父の言葉が思い出される。見送りの横浜港で、

「親が亡くなっても帰ってくるな」

と言われた。また、父はこうも付け加えた。

「両親が共に亡くなったら、帰って来い」

かような状況など来るわけない、大丈夫だ。気にせず英国へ行ってこい。だが可能性はゼロではないぞ、と父は言いたかったのかもしれない。

微かな船の揺れは、まるでゆりかごの如く眠りを誘う。今日も一日が終わったと貢はベッドにもぐりこみ眠りについた。

原敬が身支度を終えた頃、東北大会の際に身辺警護をしてくれた秘書官の一人、肥田琢司《ひだたくじ》が顔を見せた。原と何やら打ち合わせをしているようであったが、その間、浅夫人は執事や他の秘書らと手荷物の準備を整えていた。

原総理一行は迎えの車に乗り込み、浅夫人らの見送りを受けながら宮中へと向かった。

原敬の生い立ちとキャリア

原敬は一八五六（安政三）年三月一五日、陸奥国岩手郡本宮村（現、岩手県盛岡市本宮）にて盛岡藩士・直治の次男として誕生した。幼名は健次郎。健坊と呼ばれていた。

南部富士（岩手山＝二〇三八メートル）を望む生家には、土蔵が三つあった。米、豆、大豆、小豆等の食料の蔵。三月、五月用の人形。鯉のぼりやその他の道具類の蔵。それに客用の膳椀や馬具、甲冑、刀剣類などが収められた蔵であったと、原の実弟・誠が雑誌『新岩手人』に記している。

盛岡藩は戊辰戦争では朝敵のため政府側に賠償金を支払うこととなり、原家も維新後、土地や家屋を売却、菓子商に転じた。

子供の頃の原敬は、いつも真新しい白い足袋をはいていたことから「シロタビ」とからかわれていた。身だしなみに厳しい母リツの躾であろう。原は藩校の作人館（現、盛岡市立仁王小学校）に入学した。家から五キロと遠かったため、半年後には寮生となった。当時の原は「非社交的ではにかみ」であったらしい。歴史が好きで、とくに『国史略』という本は声を出して読んでいたという。

一〇歳の時に、父の直治が病死した。

一八七一（明治四）年一二月、原は一六歳の時に友人の松岡毅夫（のちに満州日日新聞旅順支局長）と東京へ向かう。上京の際に原は、「男子志を立てて郷関を出づ、若し学ならざれば死すとも還らず」と並々ならぬ決意を述べた（「岩手日報」一九二二年一一月七日付）。

上京後、共慣義塾に入ったものの授業料が払えず退学。実家の窮状を知る原は官立（国立）学校を目指すも二度も失敗する。やむなく下働きをしながら、生活の保証もありフランス語を学べる教会（横浜）に学僕として住み込む。フランス人神父の家に寄寓し、洗礼まで受けた。ちなみに洗礼名は「ダビデ・ハラ」であったという。

原はその道に進む気はなく、あくまでフランス語を学び、他に歴史や国語なども勉強した。

その間、士族の身分を捨てて「商」を選ぶ。原、時に一九歳だった。

教会の世界から離れた原は司法省法学校を受験した。学僕時代に猛勉強をしたおかげで、合格者一〇四人のうち二番の成績だった。入学後、成績は次第に下降線を辿るなか、寄宿舎での待遇改善をめぐり学校と対立、結果、三年目で退学させられる。

その後、故郷の先輩の伝手で郵便報知新聞社に入社した。仕事はフランス語の翻訳係であった。やがて原は論説まで書くようになる。一介の翻訳係、しかも下訳という、いってみれば下っ端が大いに出世したのである。

実力でのし上がっていった原だったが、状況が一変する出来事が起きる。大隈重信一派の連中が、大挙して郵政報知新聞社へ途中から入社してきたのだ。理由は「明治一四年の政変」。大隈が政府中枢（伊藤博文、井上馨ら）と対立して野に下り、大隈の取りまき連中が新聞社に乗り込んできたのだ。

原は大隈一派とそりが合わず、結局、新聞社を退社した。しかしここで退社したことが、結果的に原の人生をステップアップさせた。

原は政府の御用新聞といわれた大東日報社に入ったが、ここで井上馨と接近することになる。井上に認められた原は外務省に入り、やがて天津領事の辞令を受けた。井上の計らいであった。

井上は「独身より所帯を持った方が現地では信用される」と原にアドバイス。当時、外務省大書記官であった中井弘の娘、貞子との結婚に一役買った。原は同意し、天津領事の赴任前に天皇に拝謁したが、この拝謁日を結婚記念日とした。一八八三（明治一六）年一二月四日のことだった。時に原二六歳。貞子一四歳だった。

ちなみに井上馨の妻・武子は以前、中井弘の妻であったという。したがって原の妻・貞子は武子の娘、つまり井上馨の妻の娘では、と当時、一部のマスコミから囁かれた。とすればものすごい縁《えにし》だが、実際はそうではないらしい。

けれども人間関係の輪がまるでチェーンの如く複雑に繋がっていたのも、当時の政財界に根を張っていた花街の存在があったからだろう。

井上馨

原の義父である中井弘は、鹿鳴館の名づけ親であり、書家でも知られ「桜洲」の号を持つ。原の日記にたびたび登場している人物で、滋賀県知事、京都府知事を歴任した。この中井の娘、貞子を伴い、原は天津へ渡った。

天津には在留邦人が多くいたが、たびたび現地の中国人と軋轢が起きていた。けれど原の行動力と巧みな交渉術で事を処理していき、領事としての評価を上げていった。天津領事館に在任中、原は書記官から代理公使までこなす活躍ぶりであったという。だからこそ、天津の後に念願のパリ公使館へ抜擢されたのだろう。得意のフランス語がようやく生かされたのである。

原は学歴コンプレックスを抱えていたようだが、それをはねのける強みは、フランス語ができることであった。もっとも実際はそれほどではなかったようで、フランス時代の原を知る現地人の評価に「あまり出来ない」という言葉が残されている。とはいえ原は、外務官僚として順調な出世コースを歩んでいた。

一足先にパリにやってきた原は生活の拠点を整え、貞子を日本から呼び寄せた。マルセイユ港で貞子を出迎えた時、原は三二歳、貞子二〇歳だった。二人はまるでハネムーンの如く、休みにはセーヌ河のほとりを散歩したり、お洒落なレストランで食事したり、ノートルダム寺院を見たり、オペラを観劇したり、まさに幸福感に満ちた日々を送った。

そして、三年三か月にわたるパリ生活を終えて帰国したのは、一八八九（明治二二）年四月のことであった。実は原は「イギリスの政治形態」の勉強のため、あと一年の駐在延長を訴えていたが、退けられた。人事権を持つ外務大臣が代わったからだ。「明治一四年の政変」で野に下っていた大隈重信が復活して外相となり、即刻帰国命令を下されたのだ。原はあの手この手を駆使して「一年延長」を訴えた。たとえば井上馨、義父の中井弘を介して頼んだものの、結局叶わなかった。この一件が「大隈嫌い」の感情的な要因の一つではなかったのか。

さて、原夫妻は帰国後、赤坂溜池町の借家で暮らすこととなる。農商務省入りし陸奥宗光の部下として様々なことを学び、関係を深めていく時期でもあった。

原家の大問題

パリから帰国して四年後、原家は一変する。その始まりは一通の手紙からだった。手紙は原敬の兄・恭《ゆたか》からである。要約すれば、兄の娘、お栄（栄子）が来年盛岡の高等小学校を卒業する。東京の女学校に進学させたいし本人も望んでいる。お栄一人では心細い、母・リツと二人で上京させるので、原邸で同居できないだろうか、という内容であった。

原には当時、子供もいないし母にも孝行がしたい。妻の貞子に話した上で了解の返信を出した。貞子は了解したものの、内心は穏やかではなかったようだ。

話が決まれば今の家では手狭である。もっと広い家を探さなければならない。母を喜ばせるために、いい場所でなくてはならない。そこで選んだのが、通称「宰相通り」と言われ歴代の総理（松方正義、桂太郎）らの私邸があるところ。母に、田舎息子が立派になったと喜ばせたいという心理が働いたと察せられる。そして見つかったのが芝公園の中古物件であった。すぐに増築にとりかかった。

一方、貞子は重い気持ちになっていた。日を追うごとにその感情は増し、嫌な予感さえあった。貞子の気分とは裏腹に、リツと栄子の二人は上京に向けて盛り上がっていた。それが高じたのだろうか、家がまだ完成する前に「早く上京したい」との連絡があった。待ち遠しくて仕方がなかったのであろう。

この情報を聞いた貞子はある行動を起こす。原の日記を見てみよう。

「（一八九三年）一一月二三日：母上姪お栄を伴い上京せらる」「貞子の件につき協議すべき事あり其の出立を止め夜、H氏宅に同行して相談せり」とある。

続いて翌二四日の日記には、「昨夕、貞子京都を出発して帰京の途に就きたる電報に接し（略）夕方話をききつけたKらが新橋に出迎えたが、貞子は帰京せず。大磯に下車したる由。（略）汽車にて同處に赴くはずのところ、汽車なきがため、明日にひき伸ばせり」。

要するにリツと栄子が来るのを事前に知った貞子は、迎える姿勢をとらずに実父の住む京都に保養に行ってしまったらしい。貞子は体調がすぐれず、もしくはストレスがたまると父の元へ〝保養〟に行くのを常としていた。あるいは生母の元であったかもしれない。

この事情を知った原はKらに頼み、貞子の帰る時刻に新橋駅に出迎えに行かせた。けれども空振り。天候か何かの理由で汽車が動かなかったという。貞子に振り回されていることが見てとれるではないか。時に貞子二六歳、リツ七一歳、栄子一六歳であった。

当初、原は嫁姑問題をそれほど深刻に捉えていなかったようである。古来より存在し、亭主が両方の愚痴を聞いてやり、「ガス抜き」さえしていればいい。ひとつ屋根の下で、育った環境も違い考え方も異なる、まして年齢も大きく離れている人間同士が暮らすのだ。価値観が合うわけがない。したがって些細なことで揉めケンカに発展することは自然の流れ。これを乗り越えてこそ人間的な成長へ繋がる。原はまだ世間知らずでわがままな貞子の成長に期待した。

ところが、幕開けからバチバチと火花が飛び交った。原家に重い空気が漂いはじめたのである。そもそも貞子の生い立ちには気の毒なところがあった。父の中井弘は最初の妻（内妻あるいは愛人）と離婚し、その後妻となったフミの生んだ子が貞子であった。ところがフミはまもなく中井と離婚。貞子は中井の三人目の妻に育てられることとなる。継母と意見の衝突の末、父の目を忍んで生母の元へ逃げたこともあった。金銭的には何不自由なく恵まれていたけれども、親の愛に飢えていたことは確かである。複雑な家庭環境によって多少性格がひねくれていたとしても仕方があるまい。

リツと栄子の来る前の原家は、あまり波風は立たなかった。あまりという意味は、貞子は機嫌坊の性質、気に入らないことがあるとお手伝いさんに暴言を吐くこともあった。とはいえ、人間関係のもつれまではなかった。

ところがリツと栄子の同居が始まると、様子が変わった。貞子はリツを避けてあまり口を聞こうともせず、無視の態度を続けた。リツもこれを不快に感じるのは当然。栄子も貞子の態度に苛立ちを覚える。結果、リツと栄子の連合軍対貞子の構図となっていく。

たとえば貞子が玄関の花瓶に生けた花のことで揉める。リツがお手伝いさんを呼びつける。「匂いが嫌、別な花に代えて」。栄子もリツ側につく。花屋を呼び、匂いの少ない花に代える。夕方、外から帰宅した貞子がお手伝いさんを呼びつける。「誰の許可を得て代えたの！」。お手伝いさんはひたすら謝るしかない。

あるいは窓のカーテンの模様替えの場合も同様であった。さらに置物の位置を変えたりずらしたり、と部屋の装飾で揉める。「一体、この原家の奥様は誰なのかしら」という生々しい切り札さえ口にする貞子に、リツは黙るしかなかった。

この険悪なムードに、お手伝いさんは貞子側につく者とリツ・栄子の連合軍側につく者とに分かれ、人間関係がさらに複雑となる。

貞子のお供をするのはいつも同じ一五歳の女子である。買った品々を持つ役割であろうが、買い物ついでに美味しい食事や甘味を食べているに違いないと他のお手伝いさんからは嫉妬を買う。だから余計に微妙な空気が漂う。

浅との関係

再び原の日記を見てみよう。

「某月某日：四、五日前から腹痛ありて医師を招き診察せしめたるに腸胃を損じたるに過ぎずとて薬用並びに飲食を節せしむ」

お腹が痛いのもわかるというもの。もっとも浅という癒しがあるだけ、まだましといえようか。

そもそも原が新橋芸者の浅に夢中となったのは、家庭内のゴタゴタから逃避する側面があったのは否定できない。貞子と違い浅には、些細なことでは動ぜず、原を包み込むような母性を感じさせるところがある。といって、原の言葉にはすぐ反応する機知をも併せ持っていた。浅との時間は心のストレスが取り除かれ癒されていた、と思われる。鼻筋の通った卵型の輪郭の美人。加えて、浅の実父は岩手県出身とルーツが同じであることも原は共感したのだろう。原は家庭の暗雲が濃くなればなるほど、浅との時間を多く持つようになっていった。

一方、貞子にとっては夫に女の陰を察知すれば不快であったに違いない。まして義母らとの諍いで、常に悪いのは自分と決めつけるのも腹立たしいことであっただろう。いつかしっぺ返しを、と考えていたフシもあった。

それが男への色目だった。その対象は政友会所属の若手に始まり、家にやってくるハンサムなセールスマンや御用聞きまでに及び、話し込むなどして放そうとしなかったという。貞子の態度を耳にした原は「行動にはくれぐれも注意を」と貞子に訓戒した。

いつも原の帰宅は遅い。夜になると貞子は孤独感に襲われた。

（また、女のところに寄っているのか）

リツと栄子は、いかにも貞子を意識したような高笑いをあげる。貞子が一人ぼっちを実感する時であった。ストレスがたまると原家にいても自分の居場所はないように感じられ、いたたまれなくなった。保養と称して貞子は、片道一七時間かけて京都の父の元に帰るのがパターンであった。

貞子は心のストレスを父の中井弘にあけすけに話すといった具合であったが、当時、中井自身も愚痴を聞くどころではなかったのだ。京都・祇園の人気芸妓を孕ませて子供を産むの産まないの、認知するのしないので悩んでいた時期であったから、貞子以上にストレスを抱えていたのである。

……原は宮中に向かう車中、明日の演説文の内容を考えていた。世間の目は厳しさを増す昨今、原を支えるのは政友党がすべてであり、リーダーが少しでもぐらつくと危険な状況になり得る。〝大将〟は毅然とした態度で隙を見せず、弱音を吐くことは許されぬ。螻蟻《ろうぎ》潰堤《かいてい》という言葉もある、小さな蟻の穴でも土台を崩すことがあるのだ。今の自分と政友会を取り巻く状況には、細心の注意が必要だ。明日の近畿大会では自信をもって力強く演説しなければならない。そう原は考えていた。

原と中岡の距離はいったん縮まったものの、原が宮中へ、中岡は上野駅を降りて上野の山に向かった。二人の距離は若干離れ、二・五里あまり。

第4章　理想と現実

上野から浅草へ

上野の山は、かつて戊辰戦争の戦いがあったところだ。旧幕府軍と薩長を中心とした新政府軍とは雨の降りしきる中で戦った。が、武器の差で旧幕府側は完膚なきまでに叩きのめされた。長らく上野の山には死体が多数散乱し、カラスがやってきて目玉などをついばみ、見るも無残な光景であったらしい。見るに見かねた地元の住職の働きかけで埋葬されたという。

この戦《いくさ》の勝者側のリーダーは西郷隆盛である。西郷はその後、西南の役で敗れ自害している。中岡は西郷の銅像の立つ場所へ足を向けた。国のために命を賭している心意気を中岡は少しでも感じ、勇気をもらおうとしたのかもしれない。この高村光雲作の西郷の銅像、遥か遠くを見つめる様は、己を犠牲にしても日本の未来を信じているように中岡は感じたに違いない。

西郷像を見たあとに中岡は動物園へ足を伸ばす。父の健在であったころ、家族でよくお花見に来たという。花見の後は必ず動物園に寄る。来園者はこの大正時代、すでに一〇〇万人を超えていたといわれ、当時から人気スポットであった。

この日、中岡が見たのはライオン、トラ、ヒョウなどの猛獣ばかりであった。中岡はこの日の午後七時過ぎの交接の瞬間のため、一気に爆発するエネルギーを猛獣から受け取ったのだろうか。

昼飯は浅草に決めていた。上野の山を下って上野停車場へ向かう。

市電は混んでいた。みな浅草に行くのだろうか。この頃流行った歌に「東京名物　満員電車いつまで待っても乗れやしねえ」とあるくらい、常に人気スポット行きの市電は混んでいた。特に浅草は人気なだけに当然であった。

中岡の乗った市電は仏壇屋街を通過する。道路には自転車に乗る人や大八車を牽く姿も見られた。次の合羽橋で何人かの乗客が降りた。上野行の市電と行き交う。あちらの市電にも乗客は多かった。

菊屋橋を左折すると右手前方に浅草十二階、凌雲閣が大きく見えはじめてきた。浅草のシンボルである。一八九〇（明治二三）年に開業。赤煉瓦造りの八角形の一二階建てであった。高さ五二メートル。もちろん当時、日本一高いタワーだ。

時事新報によると、「昇降台（エレベーター）は高さ八尺、幅八尺に五尺五寸、一五人より二十人までの客を一時に乗せ得べく、電気モーターは紐育《ニューヨーク》より購入せしものにて一五馬力を有せり」と言われたが、危険が伴い警視庁の注意によって取り外された。その間、客は階段を使用したが、大正三年に安全なエレベーターの設置により再稼働された。

一階は玄関ホール、二階から七階までは世界各国の物産を展示。九階から一二階は展望室となっていた。特に目を惹くのは四階から八階まで都内で選出された美人芸者百人の顔写真の展示であった。いわゆる「凌雲閣・東京百美人」である。客の投票によってナンバーワンを決めていたというから、ミス・コンテストの走りだ。エレベーターの故障により客は階段を使うが、壁に何もないのも寂しいと企画されたらしい。

浅草十二階（凌雲閣）とひょうたん池

凌雲閣の入場料は、蕎麦一杯が二銭の時代に大人八銭、子供四銭であった。

さて、中岡の乗った市電が田原町を過ぎて右折すると、いよいよ雷門だった。人が急激に増えてきた。さすが一大歓楽街である。さらに人波が多くなった。終点の浅草ですべての乗客が降りた。中岡も下車した。

仁王門をくぐり、中岡は仲見世に入った。まさに芋洗いの如く人だらけだった。

中岡は本所住まいの頃、家族とよく浅草に来た。隅田川を渡ると浅草はそれほど遠くない。歩いて行ける距離。凌雲閣のそばにひょうたん池がある。瓢箪の形をした人工の池である。池の周辺には露店が連なる。

池の前に立つと中岡は父の言葉を思い出す。

「この池は犯罪者の手で造ったんだよ。多くの囚人たちが必死に汗を流して掘ってな」

辛い重労働であったと父は言い、暗に「犯罪者になるな」と小学生の中岡を諭していたのだろう。今、この池の淵に立っていると、「犯罪にもいろいろある」という思いが沸き上がる。安田財閥の善次郎を暗殺し自害した人物を、橋本助役は何度も「エライ!」と連呼したではないか。

時刻は昼飯時となった。ひょうたん池から六区に向かう途中の小さな店に入った。メニューは決めていた。肉めしである。

食後、凌雲閣のエレベーターで一二階にのぼった。浅草一帯を見渡せた。きゃっきゃと騒いでいた女の子を見て中岡は縫子を思い出した。島縫子である。

縫子は長い髪に赤いリボンを結び、開けっぴろげな明るさでよく笑う子であった。色白でえくぼが可愛かった。中岡と性格が真逆だから惹かれたのかもしれない。一つか二つ下であった。もう久しく会っていない。今頃女学校に通っているだろう。今でも時々縫ちゃんを思い出す。

白樺派作家たちとの接触

中岡が縫子と会ったのは、高等小学校を途中で辞めた後である。父の精《くわし》が亡くなり、家族のために親戚の印刷会社・三秀舎に住み込みで働くことになった。社長は島連太郎といい福井県越前市出身の人物だった。島は同郷の自由新聞社長・吉田健三（吉田茂首相の養父）の伝手で大日本印刷の前身であった秀英舎に見習いとして勤めた。島は営業を担当し活躍、やがて仲間三人と神田美土代町に新たに印刷会社を立ち上げた。それが三秀舎である。中岡の伯母（母の姉）・寿子の夫がこの島連太郎であった。縫子は娘であり、つまり中岡とは従妹同士であった。

縫子の母・寿子は親元を離れている中岡を少しでも元気づけようと、浅草観光に連れ出した。この浅草観光を機に中岡は縫子に好意を抱くようになる。

縫子は明るい性格で、何でも中岡に話しかけてきた。たとえば、「学校の科目は何が好きだった？　私、算数嫌いなの」とか、「将来は実篤先生や直哉先生のようなエライ人のお嫁さんになるのが夢よ。コンちゃんの夢は何?」といった具合だった。

その後、二人で浅草の電気館で映画を見たことは二、三回あった。やがて中岡は好意以上の感情を持つことになる。それがちょっとした事件となった。

三秀舎は新潮社など大手出版社の仕事を請け負う、東京でも屈指の印刷会社だった。そして白樺派の月刊誌『白樺』の印刷も手掛けており、武者小路実篤、志賀直哉ら白樺派の作家たちは原稿の入稿や校正刷りをチェックするため、頻繁に三秀舎に出入りしていたのだ。

中岡がこの印刷会社にいたのは約三年である。この間、実篤ら白樺派の作家たちに校正刷りを届けることもあり、彼らと接触していた。中岡の手記(『鉄窓十三年』近代書房)には、こうある。

「校正刷りを持って行っては、当時の偉い人達に接することが出来た」「伯母(寿子)は厳重な人で、電話のかけ方から、言葉遣ひや、客への応接の仕方まで仕込んでくれたので(略)」

要するに白樺派の武者小路実篤、志賀直哉との応接には言葉使いや礼儀も大切ということを、甥の中岡に教えたのであろう。

実篤らは月刊誌『白樺』を一九一〇年四月から発行し、一九二三年の関東大震災を機に発行は中止された。

中岡は手記に、「印刷会社にいた時、雑誌『白樺』の『新しき村』を読む癖がついており(略)」

と書いているように、『白樺』を愛読し実篤の「新しき村」に関心を示していた。

「この子は社長の甥っ子です」と紹介されると、中岡は伯母に教えられた通りに丁寧に挨拶した。実篤が「偉いね。夜は学校、昼は仕事。がんばってね」と励ます。中岡は仕事が終わると神田の夜学に通っていたのである。実篤にやさしい言葉をかけられ、中岡は親近感を抱き「新しき村」の愛読者になった。実篤の目指す理想社会に、夢や憧れすら中岡は感じていたのかもしれない。

武者小路実篤と「新しき村」

中岡が三秀舎に在籍中の『白樺』(一九一八年六月号)に、実篤は二つの作品を寄稿している。一つは「新しい生活に入る道・二」、もう一つは「新しき村に就きての対話」という題名であった。ひょっとしたらこの校正刷りを中岡は実篤に届けていたかもしれない。

「新しき村に就きての対話」のさわりにはこんな文章がある。「先生」とは実篤のことである。

「Aと先生の対話」

先生:(略)ある理想的な家の計画だけを生きている間にはっきり作っておきたいと思っ

ている。

A：お出来になる積もりですか。

先生：少し夢のような話だが、出来ないものとは思えない。

A：先生は相変わらず空想家ですね。

先生：相変わらず空想家だ。

実篤はさらに、「僕のいうことはそう遠くない未来において実現できる。自分はそれを信じている。それは自分の信仰だ（略）」と述べている。

そもそも「新しき村」は、「神の旨に従う者は是、わが兄弟、わが姉妹、わが母なり」といったキリストの精神が元になってつくられた、一種の原始共同体である。簡単にいえば金持ちが独り占めすることはなく、みな同等の立場との考えだ。ロシアの文豪、トルストイの影響もあったであろう。そして実篤は「新しき村」の実現を目指す。

「僕たちが今度住もうというところは日向《ひゅうが》（宮崎県）の児湯群木城村字城というところだ。（略）そこには冬猪や鹿が出、おしどりがやってくるそうだ。（略）水質もよく人家もなく五、六十人の人を養うに足りる広さをもっている。その内何百人の人でも住めるように発展する見込みのあるところも少し買うつもりだ」（一九一八年八月『白樺』一一号）

武者小路実篤

この土地は一万坪足らずという。ここで実篤はどんな生活をはじめようとしていたのか。さらに続きをみよう。

「川で鍬、鎌類を洗い、舟に乗り帰って麦四、米六の飯を食いました。囲炉裏に火をくべて皆と話（略）食事当番は五時に起き、他の人は六時に起き、飯を食い七時に畑に行き五時まで家にいること。（略）昼飯は一一時に二時半におやつを食事当番が皆のところに運ぶこと。家にいてつかれたら何か知らん楽な仕事をすること。（略）晩は各自他人の読書の邪魔にしない程度で自由にすること。そして十時以後はランプを消すこと。これが日常の生活です」

これが実篤の描く〝理想国家〟、「新しき村」であった。

村の創設資金は、実篤の我孫子の家を売却した金に加えて印税、原稿料、親戚の毛利家から提供された金が充てられた。これで実篤の夢は実現された。時に実篤三四歳。

この「新しき村」を冷笑する人も少なくなかったが、当時子だくさんの家庭は多く、子供五～六人はふつう、八人兄弟も珍しくなかった。長男は跡取りとして大事にされたが、次男、三男は外に出て行かねばならなかった。そんな社会で誕生した「新しき村」には、家督を継ぐ立場にない若者を中心に入村者が各地からやってきた。

実篤の二度目の妻・飯河安子もその一人であった。もっとも実篤の最初の妻・房子も、村にやってきた青年と恋に落ち、実篤と離婚後に結婚した。戸籍上は、実篤は元妻とその青年を養子として武者小路を名乗らせている。二度目の妻は実篤との間に三人の子供をもうけたという。かように濃密な人間関係が展開された「新しき村」では、さまざまなドラマが生まれている。

私は二〇一五年に、現存するこの村を訪ね住民に話を聞いたことがある。ちなみに私が訪ねたのは埼玉県だが、村はダム建設にともない、一九三八年に宮崎県からこの地に移転した。

高齢の現役住民は私にこう語った。

「一九歳の時から五〇年間以上も住んでいます。今は七〇過ぎです。村は大きく変わりましたけど、先生（実篤）のいかに生くべきか、の精神は守っています。先生の作品はすべて読んでいますが、特に好きなのは『真理先生』です。これからも先生の言葉を支えにして生きていきます」

さて、前述した通り、ここに住んだ「留ちゃん」は村のアイドル的な存在であった。実篤も可愛がり、一緒に写真も撮っている。この留ちゃんこと佐郷屋留雄が後に東京駅で、第二七代総理大臣・濱口雄幸を狙撃した。原敬暗殺から九年後のことであった。

作家と二人の総理襲撃者のただならぬ縁

武者小路実篤は二人の総理大臣襲撃者と関わり、三人は一つの輪で繋がっていた。

まず佐郷屋はなぜ「新しき村」にやってきたのか。厳しすぎる父の躾に苦しんでいる佐郷屋を見て兄の岩雄が入村の労をとったのである。この兄は実篤の脚本が舞台化されたときのスタッフだった。世界でも類を見ない照明設備が完備した築地小劇場の創立二年目に上演されたのが実篤の『愛欲』。演出は実篤の学校の後輩（学習院→東大）の土方与志。出演は山本安英、友田恭助ら。佐郷屋の兄はこの舞台の照明担当で、この縁から実篤に声が届き、佐郷屋は村人の一人になったわけである。

佐郷屋は村では「留ちゃん」と呼ばれ、人気者であった。なにしろ村にはほとんど子供がいなかったからである。

留ちゃんはまもなく峠の茶屋の娘、といっても一二歳ぐらいの女の子に結婚を申し込む。プロポーズを受けた女の子に「あたしの好きなものをちょうだい。くれるなら結婚してあげる」と言われて、留ちゃんは村の金一〇〇円（現在の四〇万円相当）を盗むことになった。その金で女の子の好きな羊かんを与え、残りの金を女の子に預けていた。

盗難事件として村では大騒ぎとなり、結果、留ちゃんの仕業であることがわかった。使った金は留ちゃんの兄が返済した。この経緯は前に実篤の言を引いた。

佐郷屋留雄は長じて政治に関心を持つようになり、村を出た。やがて大陸浪人の岩田愛之助の組織する愛国社に入ったのである。岩田は「東洋のマタハリ」とか「男装の麗人」といわれた川島芳子から、「お国のために使ってください」と二丁の拳銃を譲り受けていた。これは芳子の実弟が所有していたものだが、士官学校を卒業後、彼はこの拳銃の誤射により亡くなった。警察で保管されていたこの拳銃は肉親の芳子に返却された。

芳子は清帝国の皇族のひとつ粛親王の第一四王女である。六歳のときに来日し、通訳官の川島浪速邸に住み、豊島師範付属小学校に通った。中岡が大塚駅に勤務している時に、豊島師範付属小学校の二人の女の子に好かれたというエピソードがあった。時期的に重なることから、ひょっとすると芳子の可能性もなくはない。とにかく、芳子の住いも中岡と同じ北豊島郡であった。ちなみに芳子は豊島師範付属小学校から原敬の最初の妻、貞子が通学していた跡見学園に転校している。

芳子から譲り受けた拳銃を岩田は、赤坂の人気芸者・お秀に一時預けたが、その後、事務所のある葵ホテル一七号室内の引き出しに保管した。そして佐郷屋はこの拳銃を使って暗殺のリハーサルを行っていたのだ。リハーサルは数日間行われたという。場所は目黒不動尊近くで、愛国社と繋がりのある知人宅の庭だった。

「本箱ノ一番上ノ向ッテ左側ノ抽斗ニ蔵置保管セルモーゼル八連続拳銃（供述書より）」を手にした佐郷屋は市電に乗り東京駅へ。そして拳銃は火を吹き、濱口雄幸は倒れた。訓練が功を奏したのである。雄幸は一時回復をみせたものの八か月後に亡くなった。

留ちゃんこと佐郷屋留雄の総理狙撃のニュースを、実篤はいつどこで知ったのか。実は新しき村を取材した際にこう言われた。

「実篤先生は開村記念日には必ずここにやってきてイベントに参加されます。私はその時にもらった色紙を持っています」

記念日には顔を出し講演や抽選会をして、色紙や絵などをプレゼントするのが恒例であったという。そして、新しき村の開村記念日は一一月一四日——留ちゃんが東京駅で濱口雄幸首相を狙撃した日である。事件が起きたのは午前八時五八分。とすれば号外が出たのは遅くとも午前中であろう。イベントの真っ最中ではないか。まして留ちゃんの少年時代を知っていた村人も、間違いなくイベントに参加していたであろう。

実篤が村人に、留ちゃんのことを口外しないようにと念を押し、いずれ実篤自身が発表すると村人に伝えた可能性はあり得る。そう考えると後日、実篤が雑誌『婦人公論』（昭和六年一月号）に留ちゃんのいきさつを発表したのも理解できるし、辻褄が合うではないか。

一方、中岡艮一の場合はどうであったか。実篤は号外で事件を知り詳細を新聞報道で知ったはずだ。原総理の暗殺者は未成年だが、報道は実名入り。すぐに印刷会社の社長の甥と気がついたであろう。

この事実について、表向き、実篤は沈黙を守った。だが、作家である以上、この事件を世間に知られずに作品に反映できないか、と考えたのではないか。必ずどこかの作品に投影させているはずだ。そう私は睨んで実篤の作品をくまなくチェックしてみた。するとどうだろう。気になる記述が見つかった。

それが舞台劇『愛欲』。まず気になるセリフをピックアップしてみよう。


「夜中にお前が短刀を見つめていた」

「古道具屋の店さきにあったら不意に買ひたくなったのです」

「僕だって一思ひにやってやろうと思った事もまるでないとは云へないからね」

「かっとした時は何をし出かすか、俺の内には恐ろしい血が流れているのかも知れない」

「短刀が見たくなった。俺の内には矢張り武士の血が残っていると見える」

「俺の一生には人殺しの焼印が強く押されてしまって」

中岡の事件を彷彿させるではないか……。

『愛欲』は一九二四（大正一三）年に発表された。中岡の事件から三年後のことだから、時期的には合致している。テーマは殺人の絡んだ男女の愛憎劇であるが、見知った青年の起こした大事件をそこはかとなくなぞっているようにも思える。

上演四年四か月後にこの舞台の照明担当の実弟が東京駅で総理を狙撃した。実篤にとって原敬に続き二人目の総理襲撃者の縁を感じ、戦慄を覚えたに違いない。なぜならこの間の〝事情〟を知る人物は、実篤以外にいなかったからだ。

「恋文事件」

中岡は印刷会社に勤務していた時代、『白樺』を熱心に読んでもいた。実篤の掲げる理想社会に共感するものもあっただろう。理想社会がある一方、現実を見れば貧富の格差は広がる一方で金権政治が蔓延している。誰かがこの理想とは程遠い世の中を終わらせねば、理想社会に移行することはできない。そのためには現実社会の権力者を討つ必要があるが、その役割を実行する者はなかなかいない。口では批判するがそれで終わり、命を賭して行動を起こす者などいやしない。中岡の上司、大塚駅の橋本助役にしてもしかりだ。

こういった状況下で中岡の「土佐藩の血」が騒いだのであろうか、土佐藩の陸連隊隊長・中岡慎太郎から受け継がれた行動派の血が……。自分がやらなければ誰がやる、といった気持ちが生まれ、そしてそれは日々増幅されていく。

だが実は、中岡を実行へ駆り立てたのはそれだけではなかった。もう一つの理由があったのだ。それは縫子とのちょっとした事件であった。

中岡は縫子に好意を抱き、ついに恋文を渡した。その内容は「将来、ぼくのお嫁さんになって」というたわいないものだったが、一三歳の縫子は生まれて初めて恋文をもらい慌てた。

恋文なんて空想の世界でしかない。しかも相手は従兄のコンちゃんだ。縫子の描く将来の旦那像は、学歴の高い偉い作家先生である。実篤や直哉（志賀）のような世界にいる尊敬できる人。それが高等小学校中退の丁稚小僧……。しかも文面にも驚く。実篤をはじめ白樺派の作品を読んでいた中岡である。何度も推敲を重ねたであろう文学的な比喩に富んだ美辞麗句を並べた文面は、歯の浮くような言葉の連続だった。まだ幼い縫子はショックを受けて、即座に母・寿子に見せた。

恋文は母から通過して父の印刷会社社長の手に渡った。そして、この間の事情は中岡の母に伝えられた。結局、このままでは何が起きるかわからないと、中岡は住み込みから通いに変更されたのだった。

中岡は西巣鴨の自宅から神田美土代町の会社に通勤することになったが、恋文事件以来、中岡の周囲には気まずい空気が流れていた。これまで明朗闊達だった縫子は、中岡と会っても話しかけてこなくなった。距離をとるようにと忠告されたのかもしれない。中岡にとっては居心地のよくない職場となっていく。結果、印刷会社を辞めた。

挫折と決断

中岡は別の仕事先を探すも、なかなか見つけることができなかった。母も一緒に探してくれたお陰で、一九一九(大正八)年、一六歳の時ようやく大塚駅の見習いの職を得た。中岡が大塚駅に勤めて二年目の一九二一(大正一〇)年春に転轍手に昇格する。

ちょうどこの頃、中岡は新聞のある記事に目を止めた。それが「映画脚本募集」だった。当選作には賞金三〇〇円。現在の相場で約二〇〇万円。応募内容は、「労資協調」をテーマとした作品というもの。大正ロマンと謳われながら、一方では各地でストライキが相次いでいた世相を背景として企画されたものだった。

中岡はこれに挑戦することに決めた。最大の理由は縫子にバカにされたことへの見返しである。あの恋文を渡して以来、縫子の無視する態度に中岡は悔しい思いをしてきた。印刷会社を辞めても縫子の残像が時々目に浮かぶ。受賞すれば縫子は一転して中岡を尊敬し、すり寄ってくるに違いない……。それだけ中岡は縫子にまだ未練があったといえようか。要するに縫子の心を掴みとりたいということであった。

応募するもう一つの理由は母のためだった。父を亡くしてから一家の柱として苦労している母である。中岡が受賞して大金が入れば、母の喜ぶ姿が目に浮かぶ。

中岡はこれまで、シナリオ執筆の真似事ぐらいはしていた。縫子と浅草で映画を見た時、「脚本家って映画を作る人ね、すごいね」という縫子の言葉を聞いた。以来中岡は、神田の本屋街に出向いて映画や脚本関係の本を買い漁り、参考にして脚本らしきものを書いたりしていた。

一体どんな内容の脚本を書いたのか気になるところだが、中岡の応募作品は残っていない。ただし題名だけは中岡の手記により判明している。題して「行く泉」である。

労資をテーマとした作品であれば、子供の頃に両親から何度も聞かされた、足尾銅山の暴動から構想したと考えられる。労働者の抗夫側と会社側の衝突である。過酷な労働とそれに見合わない待遇、その不満をベースに、労働者側と会社側との確執を描こうと中岡は考えたのかもしれない。縫子の顔と母の顔を浮かべ、必死に筆を動かしていたのだろうか。締め切りまでに何度も書き直し、ともかく「行く泉」完成させた。

中岡は作品を投函後、日記に「わが姓名が新聞に載れるとき」と記している。入賞できると自信満々であったようだ。母の喜ぶ姿、縫子が「尊敬するよ、コンちゃん」と近づく姿。妹も弟もみなハッピーとなる場面を想像して一人悦に入っていたのだろうか。あるいは一八歳にして〝センセイ〟と呼ばれる己の姿が頭を掠めたかもしれぬ。気持ちだけは、バラ色に彩られた未来が中岡の前に広がっていたのだ。

だが、夢は長く続かなかった。入選作品の発表日が近づくにつれ、自信は薄れていった。冷静に考えて、脚本執筆の経験があまりない素人がいきなり入賞するとは思えない。中岡は欠点だけが気になり始めた。自分が作家になるなど、リアリティのない夢物語のようにも思えてくる。中岡の夢は発表前にガタガタと崩れはじめた。

中岡にとって、入賞することは生きるための一本の糸だったが、それは無残にも切断されようとしていた。入賞すれば未来がひらける。落選すれば前途の夢ははかなく消える。消えたあとにどうなるのか。学歴のない自分の将来像などたかが知れている。一八歳の中岡は、迷妄のかなたを彷徨する心境ではなかったのか。何でもいいから確かな目標が欲しい――いかにも若者らしい焦燥が危険な何かと結びつくまで、あと少しまで来ていた。

通勤の行き帰りに目にした一本の短刀を目にしてから、中岡は目標が見えてきたと思われる。堺で製造された、通称・青鞘。青鞘を見るたびに目標が明確となり、土佐藩の魂が心の底から突き上げてくる。加えて、「口で言っているうちは実行なんてできやしない」という橋本助役のいささか軽蔑した言葉に刺激されたこともあったであろう。

命を賭して時の総理を抹殺する――中岡がそう決断したのはいつのことか。

後に中岡は「十月一日に凶器となる短刀を買った」と供述している。理由は脚本応募の結果が落選であったから。だが実は、短刀を買ったのは九月三日であったことが店の伝票で判明している。古金物店の店主・中川右作がよく覚えていた。「若いお客さんが日本アルプスに行くので護身用にと言うので売った」と警察に話しているのだ。とすれば、九月三日以前に決断したことになる。

古金物店の店主によると、この短刀は八月一三日に巣鴨宮下に住む鳥居整という人物から一円で買い上げた。その後、砥石で研いで店頭に並べた。遅くとも八月下旬には店頭に陳列されていただろう。通勤の行き帰り、中岡は短刀を眺めているうちに心が固まってきたに違いない。中岡はこの間に首相暗殺を決意したことになるわけだが、私は八月二七日の深夜にこの決断を下したと考える。

中岡の勤務状況を確認して、私は八月二六日から二七日にかけての泊まり明けの間に注目した。中岡は深夜になるとよく夜空に目をやる癖があった。等間隔で並ぶ三つの星、オリオン座が好きだったという。この三つの星を、上から血縁の祖・中岡慎太郎、二番目が父・精《くわし》、そして一番下が中岡自身と見立てていたのかもしれない。そしてこう誓ったのだろう、「行動を起こし、国賊をやっつけて父さんや慎太郎のもとに行く」と。そんな光景が私には目に浮かぶのである。

中岡はこの八月二七日土曜日の深夜に原敬総理を暗殺する覚悟を決めたのではないか。そして、次の休み明けである九月三日に上司の橋本助役から金を借り、短刀を購入したのだ。

暦に六曜というものがある。誰でも知っているのは、大安、仏滅、友引きだろう。

二七日の六曜は「赤口」。「しゃっこう」とも「しゃっく」ともいう。意味は「鬼が暴れ出すため凶の日」。赤は火や血のイメージがあり、火や刀の扱いには注意すべき日であるといわれる。

中岡は八月二七日、赤口の日に覚悟を決めた、と私は考えるのである。

……場面は決行の日に戻る。中岡は浅草十二階（凌雲閣）へ上った後、江戸時代から続く甘味処「M」で人生最後の餡蜜を味わった。甘味処の店を出た頃、時刻は午後二時ごろ。原敬と中岡艮一の交接時間まで五時間ある。中岡が東京駅の到着予定時刻の午後六時頃まであと四時間少々だ。

原は宮中、中岡は浅草。二人の距離はまだ二里ほどある。

第5章　「平民宰相」の素顔と裏の顔

前代未聞の饗宴

原は宮中へ入り、天皇に明日の予定や今後について述べた。この日もそうだったように、特段に言うべき内容はなくとも、拝謁の名のもとご機嫌伺いに顔を出すのが原の慣例だった。大正天皇のお体はあまり健康ではなかったらしく、巷では天皇の奇行が噂されたりしたのも事実であった。原自身の目で確かめる意味もあったのかもしれない。

原は宮中にそれほど長くいたわけではなく、その後は党本部に向かった。明日の演説原稿の作成やら党の今後の秘策を練っていたのだろうか、党本部で原は大分時間を費やしている。その後いったん私邸に戻った原は、「飯だ、飯だ」と言い放ち家人を急がせている。おそらく私邸に帰宅したのは午後五時過ぎ、東京発神戸行の急行列車に乗り込む時間まで二時間少々と迫っていた。

……原が「嫁姑問題」に苦労した経験があるのは前述したとおりだが、この問題に巻き込まれた一因として、自身の母親への思いの強さがあったことは確かだ。

母親思いの原にとって、盛岡別邸で行われた母リツの米寿の祝宴は、人生でも最高の時間だったと思われる。

この米寿の祝宴はとにかくすごかった。一九一〇（明治四三）年五月二一日から二七日までなんと一週間も続いたのである。盛岡全体でお祝いしようという試みであり、このために参加人数を七日間に分けたという。

この祝宴は準備段階から桁が違った。その期間は三年に及ぶのだ。まず土地を購入した。盛岡市払い下げの土地で、広さ二一六二坪五合だった。一九〇七（明治四〇）年一一月のことである。原は当時、内務大臣だった。価格は六六八円（現在では約九五〇万円）と、広さのわりにかなり安い値段だったのは、地元の英雄への忖度があったのかもしれない。

広大な敷地を整備して芝生を敷きつめ、和風の庭園を目指した。母リツの好きな紅葉の大木を庭の中心に植樹した。けれどもこの紅葉の大木、植えるのがまた一苦労であったらしい。地元紙の岩手日報によると、大木をロープでぐるぐる巻きにし、交通を遮断して大勢で引っ張ったらしい。家屋は日本建築の本家といくつかの別棟を造った。母の余生を配慮して、次女（磯子）や執事も置いた。次女は原の姉であるが、夫がすでに亡くなっていたために、母と一緒に暮らせばお互いの寂しさも紛れると原は考えたからであろう。

土地、建築費用等含めて総費用は四万三七一八円一三銭（現在の約六億一〇〇〇万円）。これとて当時、一般の価格よりも安価であったろう。

完成した原の盛岡別邸は際立っていた。まず建物を巡る塀が目を惹く。西洋風なモダンさを取り入れ、一つひとつレンガで積み上げられた塀であった。塀の中に悠然と聳える和風建築。さらに紅葉の大木の周囲にはさまざまな植物を配している。秋になれば真っ赤に色づくナナカマドも目につく。敷地には芝生が敷きつめられている。しかも園遊会用の舞台まで設置されていた。東京の原の私邸は大臣にそぐわず質素と言われていたが、これに反して盛岡別邸の豪華さは、それだけ母リツに対する深い愛情の証であろうか。

リツは七人の子供を産んでいる。男は原敬を含めて五人、女は二人。リツは夫に先立たれ、七人の子供たちの生活を維持するために必死に家計のやりくりをした。原は傍で暮らしながら母の苦労を実感していたはずである。七人のきょうだいのうち、五男・良路は一一歳で、三男・勉は二五歳で、長女・琴子は三九歳で早世している。したがってリツの米寿に出席したのは原敬を含めて四人（長男・恭、次女・磯子、四男・誠、次男・敬）だった。

竣工した盛岡別邸の門前に大日旗がはためく。レンガ塀には紫紅白の幔幕を張りめぐらす。目のさめるような装飾が人の目を奪った。別邸内にはすでに模擬店が七つ用意され、スタッフが着々と準備をすすめていた。寿司、おでん、てんぷら、蕎麦、煮物類。その他酒類、せんべいなどのお菓子類も用意されていた。

この祝宴に色を添えたのは、一〇〇人以上にのぼる芸者たちだった。盛岡の二つの花街、本町と八幡町から駆けつけ、艶やかな和服姿に身を包んだ芸者たちは、無料奉仕というから驚きである。原の妻が芸者上がりという親近感もあったかもしれない。もっとも原のことである、マスコミ向けにそう言ったに過ぎず、裏では花街を取り仕切る女将にきちんとお心づけを行ったであろう。

花火の打ち上げと同時に開門である。すでに原敬夫妻らが入口に立ち、招待客に丁寧に挨拶している。招待客は次々と盛岡別邸に入っていく。初日は地元の議員、判事、弁護士、市長らの有力者たちに加え、政友会のメンバーが招待された。

招待客に人気のあったのが、東京・目黒から取り寄せた東京ビールだった。当時、ビールは貴重品。そもそも日本人がビールを飲む習慣が定着し始めたのは一九三〇年頃である。しかも飲めたのは中産階級以上。それが明治末期に盛岡の地で飲めるとは、かなり例外的な〝事件〟であった。東京のビール会社のスタッフは盛岡まで出張して、ビアホールさながらであったらしい。破格のもてなしに、「原敬先生は年々偉くなっている」と実感した招待客の声も聞こえたのである。

原は当然のことながらマスコミも招待した。豪勢な「おもてなし」をしてくれた相手に対して批判的なことはなかなか書けないと知っていたのは、さすがに新聞記者出身の原であった。原の好物だった蕎麦は、いくらでもお代わりできる太っ腹さであったという。これが後に岩手名物「わんこそば」の所以となったとも伝えられている。

午後二時からはいよいよ舞台で歌舞が始まった。金山踊りや獅子踊り、さんさ踊りの余興が続き、宴はヒートアップ。まさに北の地に咲く一大ページェントの趣であったという。

宴もたけなわとなったその時である。別棟から現れたのは原一族であった。先導するのは原家の家紋、丸に三つ割桜紋入りの羽織袴を着たこの宴のプロデューサー、原敬の実兄、恭《ゆたか》夫妻。続いてこの宴の主役が登場する。原敬の母リツ、八八歳（数え年）である。目にも鮮やかな紅色の和服に身をつつみ、原夫人の浅と娘の磯子に守られながらしずしずと登場した。リツのあとに実弟、誠夫妻が続く。招待客から拍手が沸き起こった。

招待客を前にして少し緊張気味のリツは「お忙しいなか、私の米寿のためにおこしくださりありがとうございました」と簡単な挨拶をすませた。引き続き、恭が原家を代表して謝辞を述べた。

　これを受け、来賓を代表して笠井信一知事が、「米寿の高齢に達せられて原敬氏をはじめ一門がますます栄え行くにはまことにめでたいことである」と言ったあとに万歳三唱が行われた。リツは冒頭挨拶のお役目を終えると気持ちが楽になったのか、笑顔のまま踊りの輪のなかへ。原敬は、母のあれほど喜ぶ姿を見たことがなく、満足の体であったという。これまでの苦労が走馬灯の如く頭をよぎったものの、この日ですべて洗い流された気分ではなかったのか。

　母リツの一挙手一投足を見ていた原だが、思わぬ光景に目を疑った。他の芸者衆と一緒になって宴を盛り上げているではないか。まるで芸者衆の〝お姉さん〟のような振舞いで仕切っている。それどころか、芸者衆の一人から三味線を受けとるといきなり弾き始めた。それが実にしなやかで様《さま》になっていたのである。手慣れていると感じると同時に、こんな母を原は知らなかった。招待客たちは三味線にあわせて手踊りを始めた。市長や議員ら地元の有力者たちも踊っている。母は座の盛り上げ方になんと長けているのか。

　この時、原の脳裡にある考えが浮かんだのだった。これまで曖昧としていた、母が苦労時代に何をやっていたのか、を。菓子商だけでは生活は苦しく、金になるものなら何でも手を出していたのであろう。

　そう考えると合点のいくことがあった。元芸者の浅に対する対応である。芸者という偏見を持たず、むしろ優しく接していたことを原は思い出すのだった。母は必死に三味線を習い、お座敷に出ていたのかもしれない。子供を抱えながら、すでに年増の域に達していた母だ。芸と話術でお客を楽しませていたのかもしれない。

だからだろうか、母は苦労知らずのお嬢様育ちのタイプを好まない。原の前妻、貞子に対して快く思っていなかったフシもあった。

米寿の祝賀会は地元の小学校の生徒全員、六〇一八人に紅白の餅を配布した。また来客者には松竹梅の徽章と扇子、それに記念の盃をお土産に送ったという。

一体、この祝賀会にはいくらかかったのであろうか。調べてみると約二五〇〇円（現在の三五〇〇万円）也。

ライバル大隈の宴

地元の岩手日報や他の新聞を参考にしながら原敬の母・リツの米寿祝賀会を再現してみたのだが、同時代に実はもっとすごい宴が存在していた。それが原と犬猿の仲といわれる大隈重信の主宰する園遊会であった。

その宴は、一九一五（大正四）年四月一九日、二〇日の二日間にわたり開催された。大隈邸前には自動車、馬車、人力車が絶え間なく続く。新聞によると、「朝野の名士婦人三千余名」

が参集したという。広い庭には紅白の大天幕が張られ、数百の椅子が並べられていた。

正面には檜の能舞台が設置された。午後三時に「橋弁慶」狂言「呼声」の演目があり、宝生新、宝生勝の「石橋」も演じられた。

家屋の日本間は「貴婦人、令嬢」たちの休憩所となっていた。音楽を奏でるのは海軍軍楽隊というから恐れ入る。

大隈自慢の盆栽が奥の客間に幾百種と陳列されていた。盆栽はこの頃ブームで、〝盆栽成金〟まで登場するほどであった。大隈の所有する贅を尽くした盆栽に、愛好者は垂涎の眼差しであっただろう。裏庭には二〇間（三六・四メートル）四方に天幕が張られ、その中に招待客全員が収容できる椅子、テーブルを設置。午後四時過ぎから食堂が開場された。

主な来賓は、伏見宮、同若宮、同妃、東伏見宮、同妃、北白川宮、同妃をはじめ各大臣、枢密院顧問官、貴族院議員、衆議院議員、各国大使らとすごいメンバーが馳せ参じていた。二日目の四月二〇日の参会者は早稲田大学関係者、新聞記者、実業家ら二千名余り。

庭園各所に設けた休憩所には茶菓の饗応があった。午後三時より日没まで文士劇が演じられ、作家・巌谷小波の「まぜつかえし」の狂言だった。出演は東儀鉄笛ら十数名。

かように豪華な園遊会が開催できたのは、現役の総理大臣であったからだろう。

大隈の開催した華麗なる園遊会の年、一九一五年は第一次世界大戦の最中であった。世界史的にいえば日本は米・英から顰蹙を買うことになった。袁世凱率いる中国（中華民国）に対し、日本は二一か条の要求を突きつけたからである。しかも重要な部分（五条）を隠蔽して米英仏露の列強国に内示していた。袁世凱は不満を表わし、その秘密部分が米英に洩れてしまった。

時の総理大臣、大隈は「日本は（略）領土的野心を有する者に非ず。成るべく友誼的に相互の経済的利益を進めて行うと云ふ趣意に外ならぬのである」と表明したものの、実情は警察行政への日本の関与、日本製の武器の購入、さらに鉄道敷設権などの高圧的な内政干渉であった。

結果、日本は一部の要求を撤廃したのだが、やがて日英同盟解消やアメリカの排日移民法へと繋がっていくのだった。

伊藤博文も着目した原の経営手腕

ここで原の新聞社時代の実績にも触れておく。大阪毎日新聞の編集総理を担当、いわば編集の全責任を任されたのは原、四一歳の時だった。原はすべての記者、編集者を集めてこう言い放った。

「読みやすい紙面作りを心掛けること。文章はなるべく漢字を使わず、できる限り言文一致体に近づけるように」

さらに、読者の参加型の企画を作ること。例えば読者による大相撲優勝力士の予想投票。優勝力士には化粧まわしを贈呈する。また女優、男優、義太夫の人気投票などを企画し、そして実践した。

これらが当たり、大阪毎日新聞はたちまち部数を伸ばす。ライバル紙の大阪朝日新聞は、懸賞・投票の流行を紙面で特集し、「新聞の堕落」と批判した。だが、大阪毎日の勢いは止まらず、むしろ大阪朝日の部数を減らすことになってしまった。

原は報道方面にも力を注いだ。北京で起きた義和団事件には特派員を他紙よりも増派させ、自らも「各国は連合軍として行動すべき」と主張した。連合国とは英、米、仏、独、伊、露、オーストリア、そして日本だ。後に映画となった『北京の55日』である。

原は一年後に社長に就任した。まさに、「大阪毎日に原あり」の存在を新聞業界に知らしめたのであった。

初代総理の伊藤博文は原の手腕に着目、連絡をとり新党・立憲政友会に誘った。『原敬日記』には、伊藤博文が原を全面的に信頼していることがみてとれる。

「（略）伊藤侯を訪ふて新政党の主義綱領其他の書類を内見す。且つ伊藤より新政党組織に関する一切の事務を担任ありたしとの依頼を受く」

結果、原は新党の詳細な説明をあらためて西園寺公望から聞き、一九〇〇（明治三三）年、大阪毎日新聞社長を辞して正式に入会したのだった。

立憲政友会に入会したその年の一二月、原は伊藤内閣で初入閣を果たす。逓信大臣であった。

阿片事件と贋札事件

原が活躍したこの時代、「大正ロマン」といわれて世間が浮かれる一方で、政界の闇を指摘する声もあった。とくに原の周辺にはきな臭い部分が見え隠れしていた。「国民よりも政友会ありき」の姿勢に、政友会の活動資金は一体どこから工面しているのか、疑問を持たれていたのだ。

一九一九（大正八）年、阿片事件が発生した。これは中国・大連で発覚した阿片の密輸事件だが、「国家自ら阿片を輸入販売して収益を上げようとした」と批判された。

この事件で一人の男が捕まった。拓殖局長官の古賀廉造《こがれんぞう》である。古賀は原敬の腹心といわれた人物で、慶応大学教授から判事となり原に誘われて内務省入りした。原が内務大臣の時に古賀は警保局長であった。したがって阿片売却の利益は政友会に流れたのではないか、と疑惑をもたれたのである。

関東州（中華民国）の阿片事件に関する裁判記録によると、古賀たちを処分すれば「帝国政府は表面、厳重なる阿片取り締まりを声明しながら、裏面、国家自ら阿片を輸入販売して利益を収め、依って以って植民地経営の重要財源と為して居ったと云ふことが明白になる」（原文）から阿片事件を公にすべきでないと、この事件を担当した花井卓蔵弁護士は述べている。結果、古賀個人の責任となり、政友会との関係は明らかにされなかった。

とはいえ、古賀の独断とは思えず組織ぐるみであり、原が陰でコントロールしていた可能性は大きいであろう、というのが世間の見方であった。

実は調べていくと、原と古賀は司法省法学校の二期生、同級生であったのだ。年は原の方が二歳上である。原は学校の改善を求めてトラブルとなり、結果退学となった。けれども古賀は卒業しその後、ドイツ、フランスへ留学した。この古賀、一方で相場好きで金山を購入し失敗したと伝えられており「山師的な人物」であったらしい。

実はこの古賀を調べていくと、驚くべきドキュメントが浮上した。それが中華民国紙幣偽造事件であった。

一九一三（大正二）年一〇月一日、東京地方裁判所公廷記録によると、「外国ニ於テ流通スル貨幣紙幣銀行券証券偽造変造模造ニ関スル件」という弁護士の弁論記録が残されていた。弁護士は阿片事件と同じ花井卓蔵。内容は政友会の反対勢力のでっち上げであると弁護している。結局、古賀は不起訴となった。

古賀廉造は阿片売却のみならず、贋札容疑で逮捕の過去があり、今風の言葉で表現すれば「ヤバイ」人物といえるだろう。

この人物と原敬につながりがあったことを、まずは覚えておいてほしい。

原敬の〝闇〟

近代日本の贋札事件で最も有名なのは、一八七八（明治一一）年に発覚した「藤田組贋札事件」だろう。明治史の謎と言われ、京都、大阪、兵庫、山口、熊本で徴収された税金の中から偽の二円札が見つかった。真券との相違は図案のトンボの肢が一つ足りなかったという。当時、四〇〇倍の顕微鏡で見なければ分からないほどの精巧さといわれた。原版は銅板で彫刻されていたという。

捜査の結果、贋札の製造にかかわった組織として藤田組に嫌疑がかけられた。藤田組は官庁請負と海外貿易の政府御用達の商社だ。

藤田組の前身は、井上馨が起こした先物取引の会社だった。井上が再び政界入りしたために、当時重役だった藤田伝三郎が引き継ぎ、藤田組と改称したのである。藤田組は以後、急成長を遂げる。戦役（西南の役）のおかげともいわれたが、果たしてそれだけだろうかと言われるほどに膨大に稼いだらしい。

井上馨といえば原敬の出世の幕開けをつくった人物である。原は新聞記者時代に同行取材をして認められ、外務省入りを果たした。やがて原は天津領事館に派遣され、井上は原の結婚（貞子）の仲介者にもなった。加えて言えば、足尾銅山・古河鉱業の陰の実力者であり、原敬の隠れた相談役が井上馨であったのだ。

この偽札の印刷機械はどうやら欧州製であったらしい。事件には欧州に精通した人物の介在があると司直は目をつけた。また、偽札の発見場所は大阪以西である。捜査では、欧州とパイプがあり大阪を本拠地とする藤田組が浮上し、藤田伝三郎は逮捕された。藤田の他に元山口県令（知事）の中野梧一も捕まり、共に東京へ護送された。

二人は鍛冶橋の警視局（現警察博物館）で調べを受けたが、証拠不十分で無罪放免となったのである。

藤田伝三郎—井上馨—原敬という繋がりが見えてきた。ひょっとして『原敬日記』に藤田の名前があるのでは、と探してみた。すると、藤田伝三郎の名前があったではないか！

日記の該当箇所をみてみよう。一九〇一（明治三四）年六月一一日付にこうある。

「井上より昨日留守中に来書あり、大阪藤田伝三郎の返翰を封入し大阪の方大概差支なかるべし云々とあるに付き尚内話したき旨申越に付転地先なる大森の別荘に赴き談話したり」

また、将棋の僚友、星亭との一戦の三日前の日記（一九〇一年六月一八日付）にも藤田の名前が出てくる。

「井上伯（筆者注：馨）に面会したり、藤田伝三郎より来信に付此際大阪に赴く必要なきことを内諾し其他数件打ち合わせたり」

井上馨を〝伯〟（伯爵）と記したり、呼びつけで記しているが、藤田はフルネームで書いている。馴れ馴れしさを廃し、一定の距離を置いているためだろうか。

ところで、日記はいったい何について「内話」しているのか。さらにこの時期の日記をチェックしてみると、こんな記述があった。

「井上伯の勧誘に係る北浜銀行頭取たることに関し」「北浜銀行重役会去一一日（筆者注：一九〇一年六月）会合、余を頭取に推薦することを協議決定の旨内報」

さらに同年六月一〇日の日記では、

「大磯に赴き西園寺及び伊藤を訪問。伊藤には政友会の近況並に井上より内話ありたる北浜銀行頭取の事に関して内話したり」

と記しているのだ。要するに原が大阪の北浜銀行の頭取を引き受けた経緯であった。原はこの件に関して、藤田伝三郎の力添えを得ている。

藤田との関わりはその後も続き、一九〇五（明治三八）年一月一六日の日記に、

「藤田伝三郎に面会せり、彼昨年殆ど百日間滞京せし由にて、元老並びに閣員（筆者注：閣僚）間に各種の問題に付奔走したることを話せり」

とあり、藤田が政治の裏舞台で蠢いていることがわかる。原自身日記にも「藤田伝三郎を其寓に訪ふ」とあるほど積極的に接近しているのだ。

藤田伝三郎は過去に贋札容疑で逮捕されたものの無罪であったし、そもそも贋札事件の発生時、原はまだ司法省法学校の学生の身分であった。したがって実際、原はあまり事件のことを気にしていなかったのかもしれない。

藤田組贋札事件では伊藤博文も疑われた。なぜなら、次の一文を含む斬奸状が見つかったからである。

「元老範を垂れ、元凶政事を為す。即ち知る可し。藤田（筆者注：伝三郎のこと）は伊藤博文の命により紙幣を偽造して男爵となり（略）」

これを書いたのは、安田善次郎を暗殺し自刃した朝日平吾の友人、奥野貫だった。むろん真偽のほどは定かではない。

『原敬日記』にはその後も、藤田伝三郎の名が頻繁に登場している。原敬は二人の贋札容疑者、古賀廉造と藤田伝三郎に関わっていた。まさに原の〝闇〟の部分といえるであろうか。

立ち込める気配

原は東北出身だけに、我慢強さや粘り強さを持っていたという。政友会総裁の西園寺公望は貴族出身なだけに、やっかいな問題に直面すると投げ出す傾向があった。このため補佐役の原敬が常に処理にあたり、苦労したと言われている。

一九一六（大正五）年一〇月、軍人出身の寺内正毅内閣が成立する。寺内は足尾暴動の際の陸軍大臣であり、原との連携で軍隊を出動させた人物である。

寺内内閣は折からの米騒動のあおりを受けて苦境に立つ。米騒動の直接の原因はシベリア出兵に伴う米価の高騰で、これに対して富山県の主婦らが安売りを求める運動が起こり、全国に広がっていった。一九一七（大正六）年から米の価格が上昇し、翌一九一八年一月には一石一五円の米価が六月に二〇円、七月に三〇円と暴騰。一般サラリーマンの月収が一八〜二五円の時代である。米騒動は大正デモクラシーの市民戦ともいわれ、寺内内閣は倒れる。

この後を引き継いだのが原敬であった。ついに政党政治初の総理大臣誕生となったのである。

原敬最後の園遊会は一九二一（大正一〇）年八月八日に盛岡別邸で行われた。暗殺の三か月前のことである。

これに先立ち八月五日午前一〇時一九分、原夫妻と息子の貢をはじめ、内務大臣（床次竹二郎）、高橋光威内閣書記官長夫妻、湯地幸平内務省警保局長ら百数十名が同行し、盛岡駅に到着した。官民三〇〇人が出迎えた。

この帰省で原は、岩手県立図書館に書籍購入費基金として一万円（現在の価値で五〇〇〇万円相当）の寄付をしている。原は一九〇三年から八年にかけて『南部史要』という南部家と南部藩の歴史書を編纂している。原の指名により一四人の委員が選出され、それぞれの役割を分担した。けれども地元の図書館にはほとんど史料という史料はなく、かつ図書の数も貧弱であることを実感した。この経験があったから、原は大金を投じて寄付したのであろう。なお『南部史要』は一九一一年八月に発行された。

園遊会には約一四〇〇人が来会したという。原は紋入りの和服を着て入口に立ち、愛嬌をたたえて客を出迎えた。余興の踊りは例の花街の芸者さんが行い、総出で接待した。他の余興は鏡味仙太郎一座の大神楽。途中雨となったが二〇分ほどで上がり、宴は続行された。例によって模擬店が出店され、何度でもおかわりできる蕎麦も人気であったという。宴の最後は原敬と盛岡を称える万歳三唱も恒例であった。

原はこの帰省中に菩提寺や南部家を祀った神社、生誕地の神社にも参拝した。まるで最後の別れを告げるような行動であったと関係者の言葉が残されている。

翌九日、原総理一行らは盛岡駅から政友会の大会に向けて北海道へ向かった。

実は政友会の東北大会を前に、高橋内閣書記官長から一人の男が官邸に呼び出されていた。肥田琢司である。呼び出された理由を肥田はこう記している。

「総理の身辺が非常に危険であるという感じがするので東北大会（北海道・札幌）には是非とも総理に随行してもらいたい、との頼みであった。私は之を快諾した」（『政党興亡五十年』国会通信社）

肥田は八月八日午後に盛岡に到着して一泊。翌九日午前一〇時に盛岡発にて原総理一行と共に北海道へ向かった。青森より連絡船「田村丸」に乗り込み函館湾に入ったのが午後九時過ぎ。出迎えの船が数隻、提灯行列の如く日の丸を掲げて「原総理万歳」を唱えて歓迎した。

その後、札幌行きの列車に搭乗。車内では出迎えの北海道長官・宮尾舜治や警察部長・今村正美らをはじめ党員多数が同乗し、大いに賑わったという。肥田は常に原の隣に座り警護にあたった。

大会には約三〇〇〇人がつめかけた。「原総理が演壇に立つや万歳の声が天地を轟かす観あり」と肥田が手記に記しているほど盛況であった。目立ったヤジもなく、物を投げたりまして襲いかかる輩もなく、無事に大会を終えたのだった。

肥田が再び高橋書記官長から依頼を受けたのは、暗殺三五日前のことだった。

「原総裁が近畿大会に出席するため一一月四日に出発するから随行するように。東京駅は岡警視総監が警戒を厳重とし、原総裁の身辺に危害をさすが如きことは断じてないから、君（筆者注：肥田）は原総理より一足先に乗車して車内を充分に警戒を願いたい。尚、君の子分は横浜から乗車させて京都の警戒を厳重に頼むとの話であった」（同手記）

これに対し肥田は「今日の情勢からみると東京駅がもっとも危険である。私をはじめ子分の者二、三名を総理の身辺に輪を組み、守らせ若しピストルでくるか、あるいは短刀で刺す場合は周囲の者が犠牲となる用意をし、護衛者は死の覚悟でなくてはならぬ。自分が傍に付き警戒したい」と訴えた。だが、受け入れてもらえなかった。理由は東京駅の身辺警護は望月圭介幹事長が担当するからだという。望月は常日頃から原の身辺警護の肥田に快く思っていないフシがあり、それは「男の嫉妬」によるものと高橋書記官長は説明した。肥田はしぶしぶ了解するしかなかった。

原の暗殺を予想した人物を二人あげておこう。

まず一人目は、船越光之丞《みつしじょう》という人物であった。原の暗殺の二〇日前（一〇月一五日）のことであった。船越はこう言い残し日本を出発した。

「原は必ず凶刃に斃れると思う。返す返すも残念だ。大切なる国家の人材である原敬を失うことは残念である。近々（私は）米国に行くが、おそらく米国に着いた頃には原敬はこの世になきものと思う」

船越は外交官を経て貴族議員を歴任した男爵である。実はこの船越、独逸学協会学校の出身。つまり中岡の父・精《くわし》の四つ先輩にあたる。精が一年の時に船越は最上級なので、同時期に学校に通っていたことになる。

原の暗殺の時期をほぼピタリと当てたけれども、まさかその加害者が、学校の後輩の子息だとは思わなかったであろう。ちなみに船越の妻・松子は山県有朋の次女である。

もう一人、原の暗殺を予言した人物は右翼の大物の一人、五百木《いおき》良三である。

五百木は松山出身で医師免許を持ち、かつて正岡子規の俳句の一番弟子であった。その後、新聞記者を経て政治の裏舞台へ。右翼の大物、頭山満の衣鉢を継いだ人物として知られていた。

予言は暗殺の一週間前のこと。「原総理に危険が迫っている。くれぐれもお体を大切に」を言うために原邸を訪れたのだった。前述のような人物だっただけに、門前払いはされずに応接間に通された。しかしこの時、原は不在。執事が応対した。

原は東北大会を終えて一か月後、山県有朋との内談で笑いながら「私は疲労した。ゆえにいつでも引退しても差支えがない」と言った。けれども直後に「ワシントン会議も近く開かれるので、無責任に引退はない」ともつけ加え、総理への執念も見せたのだった。

一九二一（大正一〇）年の世は、「平民宰相」への風当たりも次第に強くなって、原は身の危険さえ感じていた。一方で、だからこそ難局を乗り切らなければなるまい、といった気持ちもあったはずだ。それだけに明日の近畿大会でのスピーチを念入りに練っていた。山県との内談で気弱な部分を見せていたものの、内心「まだまだ」という気概もあったであろう。

時間は刻一刻と過ぎていく。あたりに暮色が迫り、原は政友会本部から私邸に向かった。

第6章　接近する運命

「四度目」の正直

中岡は、雷門近くの市電の乗り場に向かった。

市電のなかは相変わらず混んでいた。浅草帰りの客ばかりである。時刻は午後五時を過ぎている。街には薄暮が迫り、灯りをともす店も見られた。

「今日こそ失敗は許されぬ」と、中岡の気持ちは徐々に緊迫感を増していく。これまで三度の失敗を重ねていた中岡である。けれども今回は本気度が違っていた。

最初の失敗は約一カ月前、一〇月二日のことだった。原はこの日、長野市の北信八州政友会大会に出席した。参加者は約三〇〇〇人。この席上、原は皇太子（後の昭和天皇）がヨーロッパから帰朝したこと、ワシントン軍縮会議に臨む方針などを話していた。そして午後二時二四分長野発の列車に乗り込み、午後一〇時に上野駅に着くことになっていた。

中岡がこの情報を知ったのは、この日の夕刊二紙（東京毎日と東京朝日）である。夕刊を買った中岡はその場で読まずに自宅に持ち帰った。ゆっくりと新聞を広げて原総理の予定を知り、あわてて上野駅に向かったのだ。が、すでに午後一〇時を過ぎていた。あきらかに準備不足だった。

二回目の失敗は一〇月九日のこと。政友会の関東大会が甲府で行われるのを新聞報道でキャッチした中岡は、立川駅に向かった。一方、原は午後五時に甲府に到着した。そのまま歓迎会に臨み、その日は議談露館で宿泊。翌日午前、武田神社に参拝した。

ここで『原敬日記』を見てみよう。

「新に建立したる武田神社に参詣し、夫《そ》れより県庁に赴き官吏等に一場の訓示演説をなしたり（略）関東大会に臨席して（略）来衆六千人余と云ふ。盛会なりしも気の毒にも昨日来の大雨にて折角の準備も引き立たず、実に地方人の為めに遺憾なりき。午後五時発帰京」

武田神社は武田信玄を祀っている。信玄といえば連戦連勝した戦国武将である。地元甲府では「信玄さん」と親しまれ、郷土の英雄である。勝運のご利益、人生そのものに勝つ、あるいは自分自身に勝つ、さらに経済の神としても祀られている。当時の原にはうってつけの神社ともいえようか。

一方、中岡は原の帰りを狙った。いきなり襲っても周辺の警備陣に気づかれて捕らえられるのがオチだ。警備員の目を逸らし、その隙を狙うしかない。ならばどうすればいいか――中岡が打ち出した計画とは、ウイスキーの空き瓶のなかに硫酸を入れて、瓶を投げつけるというものだった。硫酸に触れると火傷して警備員はきっと狼狽するであろう。この一瞬の隙に原を襲撃するのだ。ウイスキーの瓶は二つ用意した。

実はこの硫酸を手に入れるのを、中岡は同僚に頼んでいる。これは断られたのだが、中岡はこの計画を「原首相を生かしておいて国家のためにならぬから殺してしまおうと思うが、お前も手伝え」と同僚の転轍手、染谷進に話したという。だがこれも、「田舎に行かなければならないから」と断られた。中岡は「他人にしゃべると承知しないぞ」と染谷を脅したという。

この情報は助役の橋本の耳に入っていた。橋本は「中岡が原をやっつけるといっていたが、口で言う人間はなかなか実行しない、と理解していたので中岡が実行するとは思わなかった」と後に警察の調べで答えている。

中岡はこの日、事前に休みをとり、駅員の制服姿で立川駅に向かった。駅員の格好ならばどの列車の車両に入ろうともパスできるし、第一に怪しまれない。新宿から午後六時発の八王子行きの列車に乗った。だが、なぜか立川駅で下車するのをうっかり忘れてしまった。すぐに引き返すものの、原がどの列車の車両に乗っていることさえ分からず、結果、新宿駅まで戻り原総理一行らを待ち続けた。

その後、原の一行がやってきたのだが、人が多すぎて近寄ることすらできない。まもなく見失ってしまった。用意した硫酸入りのウイスキー瓶は大塚駅の貨物列車に投げつけて鬱憤を晴らしたと、後に中岡は供述している。

三度目の失敗は一〇月二四日、四度目に成功する一一日前のことだった。

中岡は朝八時ごろ家を出て東京駅に向かった。新しい肌着をつけて紺絣の着物、その上に羽織をまとい、ハンチングをかぶって朴歯を履いた。青鞘と海軍ナイフを用意して原が到着するのを待った。到着は午前中とのことだが、詳細な時間は分からなかった。

東京駅の待合室や改札口で待ち伏せすること五時間余り。だが原総理の来る気配はない。中岡は断念し、そのまま巣鴨の自宅に戻ったのである。

こう見ると、三回の失敗はいずれも本気さに欠ける。下車するのをうっかり忘れたり、あるいは詳細な列車の時刻を知らなかったりと、明らかな準備不足が失敗の原因であった。

だが、四回目のこの日、原の乗る列車の時刻はすでに把握していた。原は東京発午後七時三〇分の列車に乗る。中岡は東京駅に午後六時頃には着いておく計画だった。これまでは順調にきている。

中岡は市電を降りて上野駅の改札口を通りぬけた。さながら四十七士が吉良邸に向かう心境ではなかったか。必ず首をとる。首をとった暁には潔く自害する。これこそが土佐藩の士族たる心意気ではないか、と。

池袋方面からやってきた電車に中岡は乗った。電車が走り出す。気持ちが次第に高まりつつあった。秋葉原、神田を過ぎて次は東京駅だ。

機を見るに敏

私邸に戻った原は、「飯だ、飯だ」と言いながら食卓についた。食事の後に着替えをしなければならない。すでに持参する荷物は準備できている。側近たちも原と共に行動している。天下の総理を一人ぼっちにさせるわけにはいかない。まして原は世間から辛辣に批判されているだけに、側近たちは周囲に気を配らなければならない。

浅夫人は手際よく原家の家政婦らに指図してまわり、夕食の準備に慌ただしかった。日記には夕食の内容まで記されていない。

原は一見、温和で穏やかな半面、意外とせっかちのところもあった。たまに眉間に皺を寄せてイライラしているのが浅夫人には分かる。

原はそもそも白黒をハッキリとさせず、その場に応じて対応するタイプだ。機を見るに敏。

表向きは「藩閥勢力をぶっ壊す」といいながらも、藩閥勢力のリーダーともいうべき山県有朋に近づく。山県が宮中某重大事件の際に、世間のバッシングを浴びてすべての職を辞し、自邸に引きこもっている時に、原はそっと手を差し伸べる。だから相手方は胸にグッときてしまう。その後、山県は原総理の続投をいち早く支持した一人である。

原の恩人の一人、井上馨は、気に食わぬことがあるとすぐに雷の如く怒鳴る。内務大臣となって以降、原は「短気だから近づかない」と距離を置くようになった。面と向かって言いたいこともあろうが、原は東北人の我慢強さなのだろうか、言葉をのみ込んでしまう。直情的に感情を表に出さない。それだけに本音を心の裡に押し留めストレスが溜まり、眉間の皺となって現われるのだろうか。あるいは弱いもの、つまり秘書や家の者に怒りをぶつけてしまうのであろう。「くされもの＝馬鹿者」とか「はんくさい＝バカ、アホ」と南部弁が出ていたのかもしれない。

原家は一時的にせよ最初の妻、貞子と母リツ、栄子を巻き込むゴタゴタが続いていた。元老・井上馨に小言をいわれ、プライベートでは家に波風が立っていた。原が眉間に皺を寄せても仕方があるまい。もっとも原には逃げる場所があった。後に妻となる浅夫人の他に、大阪の新聞社社長時代に知り合った小万である。

原はもともとおしゃべりである。気の休まる相手には饒舌となる。海外生活も経験し話題は豊富なのである。根は人間好きというのであろうか。

パリ時代に原は、貞子とよくテアトル・フランセに出向き観劇を楽しんだ。この時に出演していた女優のピエルソンと二十数年ぶりに再会したことがあった。内務大臣をやめて半年に渡る欧米視察の時にパリに立ち寄った時だ。「お互いに白（頭髪の意味）が増えたね」と握手をして再会を喜び合ったという。ちなみにピエルソンはかのナポレオン三世の愛妾といわれた人だと「新岩手人」（一九三三年一一月二五日付）は伝えている。

悪い時もあればいい時もあるのが人の常だが、原の場合も例外ではなかった。原の恩人である陸奥宗光と繋がることで足尾銅山（古河鉱業）と太いパイプでつながれ、政党も強化された。結果、政党政治の初の総理大臣の椅子を手に入れた。さらに足尾銅山の繋がりは資金だけではなく、足尾暴動をも教訓として生かされた。日記にこう記されている。

「（略）寺内と協議し、高崎の連隊より三中隊を急に派遣し（略）」

寺内とは寺内正毅陸軍大臣のこと。この経験が、官営・八幡製鉄所の騒乱事件で憲兵を動員させ事態を収束させたことに繋がったのだ。

貞子の〝事件〟

一方、プライベートではとんでもない事件が起きた。話は前後するが、最初の妻貞子が他人の子を宿したのである。まさに前代未聞のスキャンダルとなった。総理大臣になる前の話であるが、男尊女卑の濃い時代、貞淑を旨とする妻が……。世間の非難はいかばかりであっただろう。原は大阪毎日新聞社よりオファーがあり、生活拠点を大阪へ移した。まだ正式な妻になっていない浅と共に移動したのだ。芝の私邸には母リツと妻の貞子が残った。そりの合わない二人である。まもなく貞子は家を飛び出した。

原はなぜ大阪へ居を移すことになったのか。いろいろの要因が考えられる。嫁姑の戦いの場から逃れたいといった感情がベースにあったのかもしれない。加えて大阪在住の姪の栄子の次男が生まれれば養子の約束を交わしていたことも要因であろう。一家三人（浅はまだ正式な夫人ではなかったが）水入らずの暮らしができるかもしれない。そしてなによりも新聞を味方につければ影響力が大きく、原にとって有利に働くであろうことも大阪に移動した理由に違いない。もちろん金のためであったのかもしれない。なにしろ三年契約六千円（現在の価値で一億三千万円）を原は要求し結果、五千円で合意していたのだ。

大阪行きを後押ししたのは、心理的に一段落した感情も考えられる。

恩師の陸奥宗光が体調を崩し、原はたびたび大磯の別荘を訪れて励ましていた。陸奥は主治医のベルツの助言で海気療法のためハワイへ行ったものの、まもなく帰国して亡くなった。結核であった。また義父の中井弘もすでに亡くなり、芝の紅葉館に伊藤博文、西郷従道、大山巌らを招き一周忌を開催した。これらが済んだことも、大阪行きを後押ししたと思われる。

その後、大阪毎日新聞社を経て逓信大臣となり、東京に戻ることになった。時に原、四四歳。ふたたび芝の私邸での生活が始まった。芝の私邸を飛び出した貞子が戻ってきた。

この際、原は貞子にこれまでの「粗略の挙動を慎み、孝養第一とすべし」と訓戒した。貞子は受け入れた。そして原は「妻妾同居」を望んでいたのだ。老齢の母リツとやがて三歳となれば養子の貢を迎えての提案であったのだろう。リツをお手伝いさんに任せるわけにはいかない。精神的なケアは身内でなくてはならない、と判断したのである。

ところが浅は拒否した。すでに大阪時代に貢と会っていた浅は、「自分が貢を芝愛宕町の家で育てる」と返答したのである。貞子にとっては不満である。本来ならば貢の世話は妻がすべきではないか。それがお妾さんとは、妻のメンツは丸つぶれである。しかも義母の世話……。愚痴を聞いてくれる父はすでに亡くなっていた。

それでも貞子はしばらく耐えていた。やがてかような状況が続く中で、事件は起きたのだった。

原が東北に巡回中の出来事であった。貞子は某男性と仲良くなり妊娠。しかも五か月であった。妊娠の発覚を恐れた貞子は、「体調が悪い」と三浦半島方面に転地療養した。だが、原はまもなく事実を知る。貞子は保養先で女子を出産した。赤子は貞子の弟が引き取ったという。結果、協議離婚することになった。

原は貞子の将来を案じて二〇〇〇円（現在の価値で三〇〇〇万円相当）を支払っている。貞子の父、中井弘はすでに亡くなっていたが、原はその半身像と碑文を京都の丸山公園に建てた。碑文の内容は伊藤博文が書いた。貞子とすでに離婚していたけれど原の義理堅い一面ではあった。母リツは盛岡に戻り、原家は新たに妻となった浅と貢と暮らすこととなった。

原敬の〝終活〟

原敬の息子の貢は「父のお供で腰越へ行く場合、藤沢で汽車に乗り、江ノ電に乗って行く」（『ふだん着の原敬』中央公論新社）と回想している。腰越とは現在の鎌倉にある地名で、原が晩年よく利用していた別荘がここにあった。相模湾が一望できる高台に位置し、背後の裏山には緑が広がり自然豊かな場所だ。海岸までは徒歩約一〇分。東京から比較的近く、夕方五時前に汽車に乗れば約二時間あまりで着く。車でも十分東京から行ける距離だった。

この土地は一四六一坪あり、一九一三（大正二）年一〇月七日に購入した。費用は六五九四円（現在の価値で約九〇〇〇万円）。もともと畑や山林であったが、土地を整備して腰越別荘として完成させた。一九一五（大正四）年三月のこと。別荘の看板「腰越荘」の文字は西園寺公望の筆によるもの。芝公園の私邸には駐車場がないが、この別荘には広い駐車場や立派な門も造った。建築費用は一万一一三八円六銭（現在の価値で約一億四〇〇〇万円）也。土地を含めると総計で二万円（二億円以上）をはるかに超えていた。

なお、この別荘の名義は浅として登記している。

茅葺の離れの家は十畳と四畳半の二間続きで電話も設置されており、ここに管理人を置いた。元横浜市の巡査で、警護をかねていたのだろう。

腰越別荘が完成して以来、原はこの場所で句作や好きな将棋を並べたりして楽しんでいたようだ。世間から厳しい批判を浴びていた原であり、少しでも荒々しい現実社会から癒しを求めて腰越別荘を利用していたのだろう。

腰越別荘には、冒頭部分で述べたところだが、年に二一回、あわせて四七日間訪れていた。時間があれば腰越別荘へ行くというのが晩年の生活スタイルであった。

人生の終盤に向けて原は様々な準備を進めていた。妾の小万にも自立できるように経済的な支援も済ませており、遺書もすでにしたためていたのだ。

遺書（大正十年二月二十日作成）の一部は以下のとおり。

遺言　浅殿　貢殿

一、死去の際位階勲等の昇叙は余の絶対に好まざる所なれば死去せば即刻発表すべし。

一、死亡通知は親戚のみに限るべし一般には別に通知書を出さず新聞紙の広告に止むべし。
一、死亡広告は左の趣旨にて可なり。
父原敬何日何時死去致候に付何日何時郷里盛岡に於て葬儀相営み候。
此広告の外別段通知は不致候。
生花造花放鳥香奠等一切の御贈与は遺言に依り勝手ながら御断致候。
年　月　日　　　　　　原貢

一、東京にては何等の式を営むに及ばず遺骸は盛岡に送りて大慈寺に埋葬すべし。埋葬の方法は先ず古河端に送り日時を定めて夕刻内葬をなし更に日時を定めて本葬を営むこと。大体兄上の時の例を参酌して適宜取り計ふべし。但死亡冬ならば焼て遺骨を送るべし。此場合には内葬などの面倒に及ばず。
一、墓石の表面には余の姓名の外戒名は勿論位階勲等も記すに及ばず。
一、葬式の際儀仗兵などは無論に願ふべからず。
一、葬儀委員長は高橋光威氏に頼むべし。高橋氏差支えの場合には山田敬徳氏に頼むべし。両氏共に差支えのときは誰か適当に選定すべし。

この遺言の内容は貢の将来の妻にも及んでいる。

一、貢の妻は身分高き者又は富豪などより貰ふべからず。血統正しく厳粛なる家庭に生長したる者を撰ぶを要す。但可成は郷里の者を娶るべし。

貢は父の遺言「郷里の者を娶るべし」ではなかったが、「厳粛なる家庭」を遵守した。政友会所属の衆議院議員、政尾藤吉の娘・久子と結婚した。政尾はイエール大学卒の法学博士のエリートであった。

遺書を残したものの、原の楽しみは貢のことであったに違いない。少なくともイギリスの大学を卒業するまであと五年は生きていなければ、というのが正直な気持ちであっただろう。原は麻布の土地、五二四坪を購入していた。土地代は二万六二〇九円五〇銭也。現在では三億円相当の金額だ。近い将来、新しい家を建てる計画であったのだろう。

浅夫人から、「総理を引退しても元老として政治と関わっていくのでしょう」と問われて、「とんでもない。真っ平ごめんだ」と強がりともとれる口ぶりであったものの、句作と将棋だけでは物足りないことぐらい火を見るより明らか。若手政治家にもあれこれと口を出したい、あるいは相談も受けたいだろう。元老もまんざらではない、という気持ちも腹の底にはあったはずだ。地元盛岡の人たちも「総理大臣―元老」のコースを願っているだろう。

過去に「爵位は必要ない」と威勢のいいことを言ってきた原だが、晩年は密かに爵位希望を訴えていたフシがあった。だが結果、爵位を得ることはできなかった。


慌ただしく夕食を済ませた原は、洋服を着替え始めた。下着もすべて新しいものに変えた。首には身の安全にと地元盛岡の人から贈られた観音像のネックレスをかけた。側近たちも出張用の大きなカバンを玄関へ運ぶ。

浅夫人は「今夜は冷えそうだから」と厚手のオーバーコートを箪笥から持ち出してきた。ところが原は「必要ない。寒さには慣れている」。東北生まれだぞ、と言わんばかりに拒否した。というより「そこまで年寄りではない」というのが原の心の裡であったのだろうか。

もしこの時、浅夫人の言う通りに厚手のオーバーコートを着用していれば、ひょっとすると命を落とすことにはならなかった、との声もある。夫妻との「着る・着ない」の単純なやり取りが原の生死を分けた、というのだ。

原は、ピンクの縦縞の洒落たシャツの上から背広を着て白髪に櫛を入れた。原はじめ浅夫人や側近らがぞろぞろと玄関へ向かった。玄関から門までのアプローチは短い。すでに車が幾台か待機していた。原が乗る乗用車はアメリカ製のフォードT型であった。

原総理一行らの姿を認めた運転手はヘッドライトを灯した。暗かった路面がパッと明るくなった。原は車に乗り込んだ。隣に望月圭介幹事長が座った。控えていた乗用車へ秘書官、執事ら側近たちもそれぞれ続く。門前には浅夫人をはじめ原家の人たちが見送りに出ていた。原の乗った車がクラクションを鳴らす。と同時に車はゆっくりと動き出した。側近たちの車も後に続く。浅夫人は走り去る車に深々と頭を下げた。時刻は午後七時をまわっていた。

二人の交接時間まで、あと三〇分を切った。

東京駅の人びと

電車は東京駅に到着し、中岡は下車した。人が多かった。浅草のような芋洗い状態ほどではないが、よほど変奇な行動、あるいは格好をしていなければ目立つことはない程度の混みようで、中岡にとっては好都合であった。

中岡は何回かこの東京駅に来たことがあったから、駅構内は大体知っていた。売店で夕刊を買い、三等待合室へ。三等待合室の隣が駅長室であった。

丸の内南口の周辺にはあちこちに警察官が立ち、警戒を強めていた。とはいえ厳戒態勢というものものしさではなかった。この警備体制は警視総監が陣頭指揮を執り、本庁（警視庁）主導の警戒とされていたが、それは名目上であったらしく、実は所轄の日比谷警察に任されており、警視総監は宴会に出席していたことが後でバレてしまった。「護衛の指揮者である警視庁の警視総監・岡喜七郎は、原総理が斃れた時刻に新橋の待合に入り、美妓をようし浅酌低唱しておった」（肥田の手記）というのだ。

決して警戒を怠ったわけではないだろうが、明らかに警視総監の落ち度である。結果、中岡に大いに味方したのであった。

一方、駅長室では東京駅の初代駅長、高橋善一《よしかず》が助役の一人に「（原総理一行らは）二〇分前には来るだろう。まだ時間はあるな」と言いながら、両足を長机の上に投げ出すいつものスタイルで夕刊を読んでいた。この東京駅には助役が六人もいた。そのほか駅長書記や転轍手、電話交換手らを含めると職員だけで三〇〇余名の大所帯であった。

この大所帯のトップである高橋駅長、新橋駅で機関車の「油差し」という見習いから東京駅駅長まで上り詰めた伝説的な人物である。当時、「鉄道の高橋か高橋の鉄道か」ともいわれ、外国にまでその名が知られていたという。

この高橋駅長の口癖が「大馬鹿野郎。ドマヌケ、脳髄を働かせ」であった。部下のほとんどがこの言葉を浴びせられていたらしい。いわばワンマン駅長であった。

何人かの助役は駅長室に集結して原総理一行らを待っていた。原総理が座るべきソファに塵でもあってはいけない。

駅長は新聞から目を離し「あと何分?」と助役の一人に聞く。わざわざ聞く必要もなく部屋には柱時計がかかっていたが、高橋駅長はあえて部下に言わせた。「あと五分少々です」と助役が応えた。駅長以外はみな緊張した面持ちで、助役はじめ駅長書記らは入口ドアの両サイドに立ち、出迎える体勢をとっていた。

一人の駅員が部屋に駆け込んできた。「鉄道大臣があと数分でお見えです」と息せき切って言う。それを聞くと高橋駅長はようやく両足を長机の上からゆっくりと下ろした。

最初に駅長室に顔を出したのは、高橋光威・内閣書記官長だった。続いて鉄道大臣の元田肇、文部大臣の中橋徳五郎、国勢院総裁、文部勅参、農務省勅参、秘書官、執事らが続いて入室した。あっという間に広い駅長室は人が増え、何人かの職員が部屋からはじき出された。

高橋書記官長から原総理の随行の任務を受けた肥田琢司は、すでにプラットホームに停車している急行列車の一等席を隈なく点検中だった。肥田はこの日の朝、原の私邸を訪れていた。「今夜は総理に随行する旨を話した。その際、車中、京都駅より身辺警護をする。東京駅では総裁(原総理)の傍にいない故、十分に注意をせられるよう話したところ、『ありがとう』の一言があった。すでに眼底に光るものがあったので私も思わず誘われて涙を催した」と、肥田は手記に書いている。

原を乗せた米製フォードT型が東京駅丸の内南口に到着した。原は望月圭介幹事長に守られながら駅長室へ向かった。時刻は午後七時一〇分を指していた。

原と中岡の距離は、約二〇メートルにまで近づいていた。

第7章　時代が動いた日

交接

中岡は切符売り場の前にいた。と、原総理一行がやって来るのを視界に捉えた。けれど人の波や状況から襲撃するタイミングではない。原はきっと右側の方にある駅長室に行くはずだ。鉄道員の勘が働き、予感は当たった。

出発時刻まであと一〇分。まもなく駅長室から出てくる。中岡は切符売り場からゆっくりと移動して駅長室の後方の太い柱の陰に身を潜めた。幸い警察官の目は中岡を気にさえしていない。

柱の陰に移動するや、中岡は一瞬「しまった」と失敗が頭を掠めた。もし駅長室からそのままホームに行けるコースがあれば、また取り逃がしてしまう。だがすぐ思い直した。駅長室から直接ホームへ通じる設備なんて聞いたことがない。鉄道員ならみな知っている常識だが、それが一瞬だけ失われた。それだけ中岡は緊張していたのだ。血圧は上昇し、心拍数も上がって心臓は波打っている。青鞘に手をかけていたものの、手に汗がにじみ出て何度もその手をぬぐった。

今度こそ、士族中岡の真骨頂を見せつけてやる。大塚駅の助役も、「口で言っているうちは実行などできやしない」と中岡を軽く見ていた。今こそ中岡の名を天下に知らしめる時だ。時刻は午後七時二〇分を過ぎた。原敬はもうまもなく駅長室から出てくるはずだ。

駅長室から改札口までは緩やかな右曲線を描く。距離にして数メートル。この間がチャンスだと中岡は瞬時に悟った。

プラットホームでは肥田が準備万端で原総理を待っていた。だが、なかなか来ない。遅いと思いながら待ち続けた。

駅長室がざわつき出す。ドアが開けられた。定刻六分前、午後七時二四分に原は駅長室のソファから席を立った。高橋駅長と二言、三言を交わしながら駅長室から出た。望月幹事長がすぐ後に続く。

原と中岡の距離は一〇メートル前後と縮まった。当初は約三里あった距離は次第に縮まり、ついにその時が来たのだ。

この時、原は最後の言葉を残している。

「東京駅は一日にどのくらいの人が乗り降りするの？」

さらに続けて
「一日の収入はどのくらい？」

そう聞いた瞬間に、「若者が体当たりしてきた」（高橋駅長）のだった。

ついに原敬と中岡艮一は交接した。時に一九二一（大正一〇）年一一月四日、午後七時二六分のことだった。


高橋駅長は左肩に突進する中岡の衝撃に弾き飛ばされた。「まだその時の痛みは治っていない」と高橋駅長は後日語っている。それほど中岡は強く体当たりしてきたのだった。

一方、中岡の手記『鉄窓十三年』では――。

「私はその時、桜のステッキを突き、朴歯の下駄を履いていた。今だ！　と思ったので、ステッキは立っていた所に置きっぱなしにして、下駄履きのままで駆けた。左の袂に入れている短刀（青鞘）に右手をかけたままで走った」

目撃者の話「原総理から約六間（一一メートル）ばかり離れた柱のかげに佇んでいた紺絣に鳥打帽の若者が朴歯の下駄の音をカラカラと立てながら『この国賊』と叫んで疾風のように原

総理に体当たりしてきた。総理の身をかばう余裕さえ与えない一瞬の出来事だった」

交接の直前、中岡はまるで暴走車の如く何人かにぶつかりふっ飛ばしている。飛ばされたのは望月幹事長と高橋駅長ではなかったのか。そして交接の瞬間を目撃者は次のように語っている。

「若者は原に抱きついた格好をしたまま数秒間。原の顔面はみるみる蒼白となり半眼かすかに口元を何かいわんとするように痙攣させつつ、どうとその場に打ち倒れた。そこに突っ立つ若者の右手には血潮したたる短刀が握られていた」

原の後ろにいた小川平吉・国勢院総裁が、「首相、お気をたしかに!」と叫びつつ抱き起こそうとした。しかしすでに原の顔面からは血の気が失せ、応答はなかった。本来ならば身辺警護担当の望月幹事長の役割であろうが、中岡に飛ばされていただけにわが身を守るのが精一杯で、原総理に駆け寄る余裕さえなかったのであろう。

呆然と佇む中岡に、日比谷警察署の刑事部長・綱島卯十郎が背後から抱きつく。同時に大橋平治郎巡査が若者の右手に飛びつき短刀をもぎ取る。さらに奥田警部補ら数名の警察官が中岡に飛びかかり、取り押さえたのだった。

中岡は抵抗することもなく駅前の派出所に連行された。野次馬があっという間に集まってきた。当初は凶行のあとに自害するつもりの中岡だったが、頭の中が真っ白だったと後に供述している。手記を見てみよう。

「目の前に、大きい白い頭（筆者注：原の白髪）が見えたまでは覚えているが、それから、抱き止められ、右手の短刀をもぎ取られるまでの間のことは、よく覚えていない。（略）その場で自殺する心算であったが、そのまま捕らえられてしまった」

暗殺直後

逮捕された中岡艮一（編み笠を被っている）

駅前の派出所で警察官から名前を聞かれ、「土佐の士族、中岡だ」と応えている。懐に入れてあった大塚駅長宛の「辞職願い」と海軍ナイフ、それに斬奸状を署員に取り上げられた。その後に中岡は編み笠を被せられ、顔を隠されて日比谷警察署に護送された。

一方、原は駅長室に担ぎ

込まれ、大テーブルの上に横臥。連絡を受けて駆けつけた医師・岩島才三が応急手当を施した。神戸行急行列車の発車は刻々と迫るが原総理の姿はプラットホームに見えない。と、「肥田さん、総理がやられました！」と絶叫する声が聞こえて、肥田はすぐさまプラットホームから駆け下りた。

「原総理はまさに駅長室に運ばれているところだった。私は原総理にすがりつき号泣した」

発車のベルがけたたましく駅長室まで聞こえてくる。そして定刻に神戸行の急行列車は東京駅を出発した。一等列車には本来原総理一行が乗るべきところ、空のままであった。

それぞれの受け止め方

原と中岡の交接の瞬間を、公判記録から中岡目線で記す。

予審判事「どうだ、総理は、その場ですぐ死んだと思っているのか」

中岡「死んだと思います。そのわけは私の短刀を右手に持って、切っ先を向こうに向けて自分の胸にあて、力強く、四・五尺（筆者注：一メートル五〇センチ）走って行っていきなり、総理を左手で抱くように体当たりしたところ短刀が総理の胸に根元まで突き通り、総理はそのまま仰向けに倒れ、私もその上に重なるように倒れたので、総理はあのまま死んだと思います」
予審判事「短刀が根元まで突き通ったのがわかったのか」
中岡「わかりました」
予審判事「どうしてわかったのか」
中岡「短刀の柄を握っていた私の右手が総理の胸に当たったので、刃は全部突き通ったと思う」
予審判事「短刀を胸にあてたまま、総理に体当たりしたというが、さようなことは前から考えていたのか」
中岡「そうです。総理を殺そうと考えてから凶器につき色々研究した末、短刀でやろうと決めた。しかし短刀でやるとしても総理はあれほどの人物であるから、私が手を伸ばして突くと、私と刃物との間に二尺（六〇センチ）以上の間隔ができるので、私の手をはたかれる恐れがあるので刃物を自分の体につけたまま、体当たりしようと決心したのです」

事件の知らせを受けて駆け付けた浅夫人が原敬と対面したのは午後七時四〇分ごろのこと。原の傷は右肺から心臓に達しており即死状態だった。着ていたピンクの縦縞のシャツには鮮血が滲み、首には観音像のネックレスが巻きついたままであった。

側近たちは涙を流したり、肥田のように号泣していたけれども、浅夫人は涙ひとつ零さず、

「主人を自宅（芝公園の私邸）に連れて帰ります」

ときっぱりと言い放った。

しかし原敬は公人であり、それも一国の総理大臣である。いったんは官邸に運ぶべきだとの声にも、浅夫人はきっぱりと「主人の希望（遺言）です」と突っぱねた。

この浅夫人の様子をみた野田卯太郎・逓信大臣は、後にこう述べている。

「浅夫人の態度に私は驚きました。普通ならこの大事を聞いて気も動転するのが常であろうが、夫人は涙一滴もこぼさず、枕頭の群れを押し分け、首相に近寄るや自ら甲斐甲斐しく傷口を洗い、包帯その他手落ちなく看護につとめられた。

原遺体馬車で私邸へ

やがて官邸に送りこもうとするや、浅夫人はこれをさえぎり、『主人は平素から質素を第一にと口癖のようにいっていました。ですからかようの場合には、その旨を酌み、とくに私宅に引き取りたいと存じます』と言ったので、了解するしかありませんでした」

結果、原の遺骸は馬車で私邸に運ばれ、八畳間の和室に安置された。午後八時一〇分のことだった。まず浅夫人が末期の水を亡き夫の口に湿し、ひそやかに焼香を終えたあとに多くの弔問客がそれに続いた。

駆け付けた東京市長の後藤新平は原の手を握り、しばし瞑目したという。元医師である後藤は、同郷（岩手県奥州市出身）の誼《よしみ》から原の熱心な勧誘を受けて第七代東京市長に就任する決意を固めた経緯があった。

この後藤のかたわらで激しく泣いている人物がいた。警視総監の岡喜七郎だった。原総理の東京駅警備体制の総責任者だった。この時は誰もが、岡が美妓と酒を酌み交わし暢気に歌をうたっていたとは知らなかった。

浅夫人は原敬の死を息子の貢に知らせねば、と望月幹事長に「息子に電報で知らせて欲しい」と依頼した。望月幹事長は浅夫人から文面を聞き、翌朝にイギリスに航行中の貢宛に打電したのだった。


原敬の一人息子、貢の乗船したサーディニア号は、マラッカ海峡をひたすら航行中であった。ヨーロッパとアジアを結ぶ航路の一つで、かのマルコ・ポーロもこの海峡を渡り『東方見聞録』を著したと言われる。恐らく不安と期待をもって通過したに違いない。

貢もイギリスを目指しながら不安の入り混じった夢を抱き、今度こそ父の期待に応えたいと強い気持ちでいたであろう。なにしろこれまで三度の一高受験に失敗、やむなく慶応の予科に進んだのだが、原から英国留学を提案された。貢は父の提案を受け入れた。だからこそ貢は今度こそという気概であったと思われる。そのイギリスに到着する前の海上で、貢は一通の電報を受けとったのである。

そこにはローマ字でこう書かれていた。

「父昨夜、東京で暗殺さる。帰るには及ばず、まっすぐ英国へ行って勉強しなさい。あさ」

貢は母の言いつけを守り航海を続けた。

貢がこのサーディニア号に乗船する際、横浜港埠頭で父・原敬から、「親が亡くなっても帰ってくるな。両親が亡くなったら帰ってこい」との言葉を受けた。それから一か月半後に現実になろうとは考えもしなかったであろう。

一九歳の貢は、涙を流しながらイギリスへと向かった。

肥田琢司は芝公園の原私邸で焼香が済むと、その場所に居るのがなぜかいたたまれなくなり帰宅した。そして原総理から生前に贈呈された写真を床の間に飾り、線香を立て独自に通夜をしたという。誰憚ることなく号泣したのだろうか。

この肥田、のちに原総理暗殺事件で遺憾な点が二つあると指摘している。

一つは、護衛の指揮者である警視総監・岡喜七郎が、原総理の斃れた時刻に新橋の待合に入り、芸者と浅酌低唱していたということ。二つ目は望月圭介幹事長が自分への嫉妬心により「私の護衛の任を妨げ」、幹事長の職責にありながら充分な警戒を怠ったことだ。

肥田は「しかるに両者は原先生と如何なる関係にあったかと云うに両人とも原先生の庇護によりその位置を得たもの」と記し、それにもかかわらず両人ともに当日の行動はまったく原総理に寄り添ったものではなかった、と激しく批判している。

ちなみに肥田は、原敬より広島から出馬を要請されたが断っていた。断った理由は「望月圭介幹事長から強く反対された」からである。望月も広島県出身で肥田より一二歳も年上。この時原は「望月を説諭する」と言ったものの、結果、肥田は出馬しなかった。このあたりの事情を含めて、肥田は望月を厳しく批判していたのだろうか。

肥田は後に政治家となり原同様に実業界にも顔が利く人物となったが、この肥田の代名詞ともいうべきものがある。それが「麻布の肥田御殿」だった。

肥田は、秘書官時代から原を敬愛してやまない人物で、原も肥田を信頼し、仕事以外のさまざまなプライベートな話をしていたと思われる。その一つが麻布の土地ではなかったのか。総理退職後、麻布に立派な家を建てたい。息子がイギリス留学を終えて帰国するまでに建てたい、と。けれど夢は叶わなかった。

肥田はこの土地を息子の貢から購入し、原の夢を実現させたのではないか。肥田は原へのレクイエムとして「麻布御殿」を建てたのかもしれない。

肥田の手記『政党興亡五十年』では、原をこう評している。

「若し原敬にして健在であるならば現在の如く日本の悲惨なる運命に陥ることはなかったであろう。従って東洋の平和は永遠に保たれ、人類の幸福またこれに過ぎたるものなしと云うも敢えて過言ではなく（略）終戦直後、マッカーサー元帥が日本の連合国最高司令官として赴任して数年後のこと。すなわち昭和二四年、わが国内情勢を聞くためにある評論家（鶴見祐輔氏）を招聘した。この際に、原敬に似通った政治家は何人なりや、と尋ねたという。その一言は、原敬が世界的な政治家であることを立証しているもの」

戦後の第五八代〜六〇代総理大臣・池田勇人は、肥田についてこう語っている。

「肥田先生は私の同郷広島県出身の政治家で、父祖三代にわたる生粋の自由党の党人であります。混迷に満ちた戦後の政界で出処進退を誤らず、政治家として中道を貫き得たのは、先生の永いご体験の賜物と存じます」

肥田はそれほどの人物であり、その肥田が敬愛したのが原敬だったのだ。

事件の衝撃

原敬暗殺のニュースは当然のことながら号外となった。号外は現在のニュース速報である。当時、号外は鈴を鳴らして配られた。号外の売り子たちが鈴を鳴らしながら口々に「号外、号外！」と連呼して市街を走り回ったのだ。

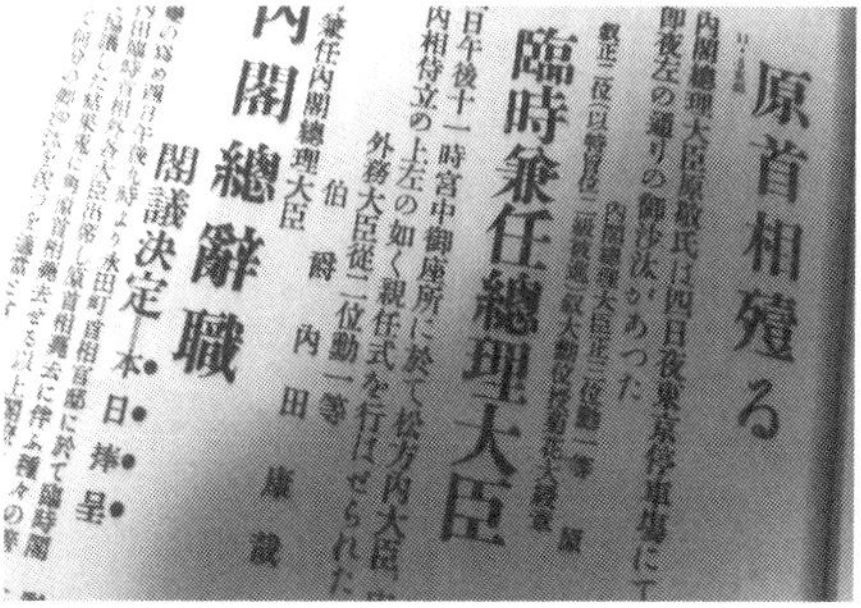
原首相殪る
内閣總理大臣原敬氏は四日夜東京停車場にて
即夜左の通りの御沙汰があった
臨時兼任總理大臣
日午後十一時宮中御座所に於て松方内大臣
内相侍立の上左の如く親任式を行はせられた
外務大臣従二位勳一等 伯爵 内田康哉
兼任内閣總理大臣
内閣總辭職
閣議決定 本日捧呈

号外の一部

原総理暗殺の号外が出た際、こういうことが起こったという。

「山陰方面の某新聞は原首相誅せらると題して号外を出した。四国と九州では号外売りが万歳万歳万歳と叫んで暗殺の号外を売って歩いた事実がある」（弁護士・今村力三郎の手記）

それだけ当時、原敬は一部から憎まれていた。

戦後、ラジオやテレビの普及により鈴を鳴らす習慣は姿を消したが、「鈴なし」号外は現代でも続いている。

事件の朝、中岡の母は「今夜は鮭のおかず」と息子を送り出し、約束通り鮭を焼き、夕食の支度をして待っていた。今夜は遅い、と思いながら六畳間で針仕事をしていたところ、大塚警察署の署長が書記をつれて家にやってきた。

「ちょっと、艮一さんの所持品を調べさせてもらうから」と言ってつかつかと上がり、家宅捜索が始まった。

すぐに中岡の机の右の抽斗から遺書が四通見つかった。母宛に一通、妹の峯子宛に一通。他は親戚宛と中岡が借金をしている友人宛であった。

まもなく中岡の家に二、三〇人の男たちが続々とやってきて、勝手に庭の戸障子を破れんばかりに引きあけて部屋に入り込んできた。新聞記者やカメラマン、検事らであったという。中岡が何をやったのか、母はまだ分からずに署長に訊くと、「ちょっと喧嘩して人に傷を負わせただけだから、御心配には及ばない」と言われた。

母は子供たちを近所のお宅に預けて日比谷署へ向かった。日比谷警察署の前は黒山の人だかりだった。

「今夜の出来事をお母さんは何だと思いますか」

署長が優しく声をかけた。

「よほど上の方に艮一が何か危害でも加えたのではないかと思えてなりません」

と言うと、

「そうだ。僕らが巡査を拝命して以来の出来事だ」

と署長は応えた。

日比谷署内で中岡の母は気分が悪くなった。その場で横になると、警察官は赤い毛布を二枚掛けてくれた。けれども事件の具体的な説明は聞かされなかった。

すると新聞（号外）を見ていた一人の警察官が、中岡の母に見せるように新聞を逆向きにしたのである。その号外の活字が目に入るや、中岡の母は悲鳴を上げた。

「総理大臣原敬様を……、東京駅で……、一突きにお殺し申した……。私は夢ではないかしらと、弱った心で考へて見ましたが、亡くなった良人《おっと》の顔や、先祖の位牌や故郷の家が次々とまじって眼の前をチラックばかりで、（略）気が遠くなってしまいました」（雑誌『相談』昭和九年二月号、中岡信子の手記）

中岡の母は警察で一泊して翌日に帰宅が許された。帰宅すると家の周りに人が集まっている。野次馬たちだった。中には子供を肩車して家の中を覗く人も。母は雨戸を閉めて三日三晩何も食べなかったという。警察では母親の自殺を恐れて警戒を強め、家の中に二人、家の外に二人の警察官を配備した。

「幾たび、あの江東橋から飛び込んで此の世と別れようと思ったか知れません。だが、母が自殺してしまったとあっては（略）良一が肩身の狭い思いをするであろう。他の子供も可哀そうだと、その都度身投げは思いとどまって」（同手記）

"All the News That's Fit to Print."

The New York Times

PREMIER TO DEATH ... FANATIC

FRENCH OFFENDED BY HARVEY WARNING AS UNFAIR TO BRIAND

Charles Carried Into Exile on a British Ship As Napoleon Was; Zita to Bear Another Heir

CURRAN PLEDGES TO OUST HEARST AS CITY HALL BOSS

Premier Takashi Hara.

SENATE TO PROCEED IN WATSON INQUIRY

RECALL WILSON PROMISE

WILL BEGIN NEXT WEEK

DEAD ON BEACH, TIED

ニューヨークタイムズ紙

翌日の新聞は、当然一面トップで報じた。見出しは以下の如し。

「原総理大臣の凶変・昨夜東京駅の改札口で一青年に襲われて即死す」（東京朝日新聞）

「原首相東京駅頭に於いて、一青年の為に刺殺さる・近畿大会に出発の間際に」（読売新聞）

「東京駅頭に原首相暗殺さる　犯人は中岡艮一なる一青年・短刀を揮ひ右胸部を突き刺す」（時事新報）

アメリカのニューヨークタイムズ紙も、一面トップで原敬の顔写真入りで掲載した。

東京駅の開業時、時の総理大臣・大隈重信は「東京駅はあたかも光線を放散する太陽のようなものだ。（略）光を四方八方に放って欲しい」と言ったけれども、まさかこんな形で世界にニュースが発信されるとは、誰も予想だにしなかったであろう。

原の公私にわたって辛辣な記事を報じていた読売新聞社では、警視庁の官房主事が以下のコメントを発表した。

「青年をしてかような凶行をさせた原因は何といっても彼が平素新聞雑誌を耽読した結果で彼は新聞によって常日頃から政党の横暴や原敬氏の専横を信じ切っていた（略）その動機には大した思想その他の根拠はない。今後は新聞雑誌の論評については煽情的な政治論や国家の存立を危うくする議論ばかりではなく一般の記事についても厳重な取り締まりを行う方針である」（読売新聞一九二一年一一月八日付）

このコメントを発表した官房主事はその後、警務部長を歴任して警視庁を退官した。原暗殺事件から三年後、読売新聞社を買収、第七代の社長となった。やがて言論界の重鎮となり、さらにプロ野球の父、テレビ放送の父といわれた正力松太郎であった。

原敬暗殺事件後、東京駅の初代駅長・高橋善一は、責任を感じて辞表を提出した。が、受理されずそのまま駅長を続けた。この名物駅長は定年まで勤め、その二か月後に車の事故で亡くなった。江戸川上流の大滝付近で自分の乗っている車が転落、川に落下したという。

暗殺事件から三日後の一一月七日、原敬の棺は霊柩車に乗せられて政友会本部を出発した。午後八時半であった。霊柩車の後に弟の誠夫妻ら親族、大臣秘書官、執事、政友会メンバーらの乗った車が四〇台も続き上野駅へ。夜にもかかわらず沿道には多くの人が見送り、手を合わせる姿も見られた。

午後一〇時きっかり、上野発急行列車は霊柩車を増結して盛岡へ向かった。原の遺言通りに故郷・盛岡で葬儀を行うためだった。列車は翌日の八日午前一〇時一九分に盛岡駅に到着した。すでに駅は出迎えの盛岡市民で埋めつくされており、駅から盛岡別邸までズラッと黒山の人だかりであった。沿道に原を乗せた霊柩車が通る。あちこちから「原さーん」の声が飛ぶ。すすり泣く姿も多かった。地元の岩手日報によると、出迎えた人は約四万人。当時の盛岡市民は四万二四〇三人であったから、ほとんどの盛岡市民が出迎えたことになる。

霊柩車は盛岡別邸に入り、棺が安置された。葬儀委員長は遺言通り内閣書記官長の高橋光威がつとめた。

原敬の息子・貢は、母の言いつけを守り航海を続けた。父の悲報を聞いてから約一か月後、日本から出発して約三か月後、一二月一〇日に霧に煙るロンドンに到着した。

小菅刑務所と関東大震災

一方、逮捕された中岡は市ヶ谷刑務所へ。ここにいたのは一月足らずで、すぐに場所を変えた。中岡は車に乗せられて市ヶ谷、飯田橋と外堀沿いを進み、湯島、上野を通り、浅草を抜け吾妻橋を渡り、隅田川の堤に沿って行き、荒川を渡り目的地に到着した。小菅刑務所だった。

二階の一番奥の西向きの一室が与えられた。独居房だが、広さは四畳半。通常は三人部屋である。天下を騒がせた〝有名人〟であったからであろうか。部屋の窓からは東武鉄道の列車が見えたという。畳もゴザもない。藁で編んだ円座がいくつかあったので、これを並べて敷物代わりとした。

中岡の予審終結の決定が下された。主な内容をピックアップして以下に記す。

主文

本件ヲ東京地方裁判所ノ公判ニ付ス

被告人艮一ハ鉄道省大塚駅転轍手、マタ被告人栄五郎（筆者注：橋本栄五郎）ハ同駅助役ニシテ互ニ親交アリ。予テ新聞雑誌等ノ記事ヲ見テ、共ニ原内閣ニ対シ反感ヲ懐キ、常ニ時事ヲ論ジ、其秕政ヲ憤慨シ居タル處（略）原内閣ヲ倒サザルベカラズ、而シテ之ヲ倒スニハ、首相原敬ヲ殪サザルベカラズト論断シ、以ッテ被告人艮一ヲシテ原首相暗殺ノ必要アルコトヲ痛感セシムルニ努メタルヨリ（略）午後七時二五分頃、原首相ガ同駅長室ヨリ出テ徒歩シテ改札口ニ到ラントスルヤ、突如トシテ疾駆原首相ニ迫リ、該短刀ヲ以テ原敬ノ右胸部ヨリ心臓部ヲ刺シ、因ッテ内出血ノ為メ之ヲ死ニ致シ、以テ其殺害ノ目的ヲ達シタルモノナリ。被告人艮一ノ所為ハ刑法第百九十九条ニ、被告人栄五郎ノ所為ハ、同法第

六十一条第一項第百九十九条ニ各該当スル犯罪ト思料スルヲ以テ、刑事訴訟法第百六十六条ニ則リ、主文ノ如ク決定ス

大正十年十二月十九日

東京地方裁判所

予審判事　山崎佐

右正本ナリ

大正十年十二月十九日

東京地方裁判所

裁判所書記　三戸重太郎

使嗾《しそう》の罪を問われた橋本助役であったが、証拠はなく早々と釈放された。中岡の祖父は元判事。この筋から弁護士が選ばれた。結果、一審は無期懲役。控訴するも二審も無期懲役。上告せずに結審した。

一方、浅夫人は原敬の死の直後に「驚くほど気丈」に振る舞っていたけれども、それからわずか一年四か月後に風邪から肺炎となり亡くなった。ひょっとするとパンデミックのスペイン風邪に罹患したのかもしれない。

この知らせを聞いた貢は「両親が亡くなったら帰国せよ」の約束通り、イギリス留学を切り上げて帰国した。そしてこの年の九月一日に未曾有の関東大震災が発生した。一九二三（大正一二）年九月一日昼頃のことであった。

この時、中岡艮一は小菅刑務所にいた。ちょっとやそっとではびくともしない厳重かつ頑丈に造られていた刑務所の建物だったが、縦揺れの激しさにぐらぐらと動き、煉瓦塀は崩れた。房に閉じ込められた受刑者の「（扉を）開けてくれ」の悲痛な叫び声が所内に響き渡ったという。扉には当然鍵がかかっているので外に出られない。その後、鍵は開けられた。中岡は他の受刑者とともに何とか外に脱出した。

すると受刑者の間でこんな会話が――。「すべて解放かもしれないぞ！」。つまり「我々の綱が外れたのだぞ」「自由になったかもしれない」という意味であるらしい。

中岡は巣鴨の母の所に行こうかと真剣に考えたという。だが余震が続き、結果、逃げ出した受刑者はいなかった。地震により小菅の建物が一部損壊し、受刑者たちは他の刑務所に移管されることとなった。

中岡の行き先は宮城刑務所に決まった。地震発生から約二週間後、受刑者らは手錠をかけられて四人一組で北千住駅へと向かった。四人は腰ひもで繋がれている。総勢二〇〇人の囚人の列であった。中岡の組は年配の受刑者ばかりで歩く速度が遅く、合わせるのに苦労したという。

銃剣を掲げた憲兵隊員の後に長い列は続く。荒川の橋を渡り駅に近づくと、道行く人は見ぬふりをしながら見ていた。受刑者はみな素足に草鞋履き、囚人服を着ている異様な光景に興味半分、恐れ半分であったのだろうか。

北千住駅前のそば屋の前では、子守の少女が中岡の姿を見て泣き出したという。受刑者の中で最も若かったから、憐みの涙であったのか。

中岡らは北千住から列車に乗り込み上野経由で宮城刑務所へと向かった。中岡はこの刑務所で出所するまで過ごすことになる。

三度の恩赦

時代は大正から昭和へと移った。原の没後、犬猿の仲であった大隈重信も亡くなり、山県有朋も亡くなり、社会は新たな展開を見せることとなる。

中岡の事件は、後世にさまざまな影響を及ぼした、と思われる。原敬暗殺事件から九年後、再び東京駅で〝ライオン宰相〟といわれた第二七代総理大臣・濱口雄幸が銃弾に斃れた。

さらに一九三二（昭和七）年の五・一五事件では、第二九代総理大臣・犬養毅、元総理（第二〇代）・高橋是清、岩倉使節団の一員としてアメリカに渡り鉱山学を学び、その後三井三池炭鉱の経営者となった團琢磨、元大蔵大臣・井上準之助らが暗殺された。テロリズムの横行する世情の中、日本はアジアナンバーワンの地位を確かなものとして世界の列強と並び称せられる強い国を目指して軍備を強め、虎視眈々としていた。やがて満州事変、二・二六事件、日中戦争から、ついに泥沼の第二次世界大戦へと進んでいくのだった。

中岡艮一の裁判の判決は一、二審ともに無期懲役であったが、恩赦に恵まれた。恩赦は皇室に慶事のあった場合に行われることが多く中岡は三回受けた。

一回目（大正一三年一月二六日）は、受刑者全員が教誨堂に集められて、所長が恩赦の詔書を読みあげた。「無期刑は有期二〇年。刑期を二分の一務めた者は残刑の二分の一を減じる。刑期の二分の一未満の者は残刑の四分の一に減ずる」というもの。もっともすべての受刑者が減刑となるわけではない。尊属殺人は減刑の対象外であった。

減刑は対象者に直接伝えるものではなく、刑法に則って発表するだけ。したがって中岡は自身が減刑かどうかさえ分からなかった。このため後日職員に訊いたが、すぐに応えてくれなかった。中岡は母から「新聞で恩赦を知り、減刑になったかどうか教えて欲しい」との手紙を受けとっていた。数日後、中岡は自分が対象であることを知った。無期懲役から有期二〇年という減刑であった。

二回目（昭和二年二月）は、大正天皇の御大葬の日。受刑者はいつものように教誨堂に集合させられて、刑期二〇年から一五年に減刑された。

三回目（昭和三年一一月）は恩赦ではなく大赦という名であった。昭和天皇の即位が大赦の理由。が、いつものように教誨堂に集められることもなく発表は遅れた。宮城刑務所に「発表の許可」が出たのは夜となったからである。

受刑者は房の前の廊下にズラリと円座を敷いて座らされた。いつもは電灯をつけても薄暗い廊下であったが、この時は電灯を変えたのかいつもより一段と明るい廊下となった。所長が詔書を読み上げた。

中岡は一五年から一一年三か月に減刑された。刑務所内で中岡は〝有名人〟であったらしく、他の受刑者から「おめでとう」の声をかけられたという。読書好きな中岡は所内では図書係をしていた。

収監中に中岡への誘いの手紙は、〝有名人〟だけに少なくなかった。主に宗教関係から多く寄せられており、キリスト教から新興宗教、神道まで広範囲であった。変わったところでは関西で河豚料理店の社長からの誘いで、「東京店を出したいのだが、その店長になって欲しい」との手紙だった。受け取った中岡自身もびっくりしたであろう。手記に掲載しているので、一部抜粋する。

「河豚という魚はご承知の如く、中毒すれば人命に関する魚ですが、（略）二十数年営業しているがいまだ一人の中毒者を出したことはありません。依って貴君と共同して御地（東京）では如何と存じます故に、貴君の御賛成あれば、一応ご会見の上ご相談お決めしたいと思ひます」

〝有名人〟である中岡を店長にすれば、大いなる宣伝になるとの思惑であろうか。

中岡に関心はなく、この申し出を無視した。

第8章　流転の人生

出所の時

いよいよ中岡の出所の時期が近づく。刑期満了の日は一九三四(昭和九)年一月三〇日であった。時の総理大臣は第三〇代斉藤実。政友会と民政党の両党から推薦を受けた連立政権であった。図書係の中岡はいつものように新聞(時事新報)を見ていると、雑誌『相談』の広告が目についた。「号外の鈴の音に怯えて一二年」というもの。筆者は中岡信子、母であった。一体、どんな内容を書いたのかと思い、己自身の罪が与えた影響の大きさに申し訳ない気持ちが湧いたという。記事をかいつまんで記す。

「号外の鈴の音を聞くたびに……息子の艮一が原敬様に対して、ああいふ大それたことを致しまして以来、私ほど、あの号外の鈴を怖がる人は、この世の中に又と二人はあるまいと思われます。（略）近頃の世の中の大きな号外事、濱口雄幸様、井上準之助様、團琢磨様、犬養総理様と次々の御急死は、どうも艮一のした事が何程かきっかけとなり、事始めとなっているようで、艮一の母に何もかも責任があるように思えてなりません。私が号外の鈴の音に胸の動悸を抑えかねる気持ちは、皆様には解っていただけると存じます」（『相談』昭和九年二月号）

出所二日前のこと。中岡は「面会だ」との連絡を受けた。母だった。出所時の着物を持参して面会に来てくれたのだ。着物は母自身が仕立てたもの。会うのは五年ぶりのことだった。

五年前、母は上野発夜行列車で出発、翌朝七時に仙台駅に到着し、宮城刑務所へ。息子と面会し、その日に再び夜行に乗り帰京したのだった。しかも乗り物が苦手の母が、往復ともに列車で立ちっぱなしだったという。それだけ母親の深い愛情があったのだろう。「会いたい一心で参りました」と母は語っている。

だが今回は、一緒に東京の自宅に連れて帰ろうという予定であった。母の出迎えは刑務所側の計らいと思った中岡は、一人で帰りますと所長に言うと、「お母さんの意志でここに来られた」と聞き、面会したという。中岡はすでに三〇を越していた。自分のことは自分でやる、と思ったのだろうか。母への対応は素っ気なく表面上はクールを装っていたようである。けれどのちに「内心ではすごく嬉しく母には感謝してもしきれなかった」と述べている。

宮城刑務所所長・坂梨森太郎の「入所以来、よく規則を謹守し、作業に勉励し、改悛顕著なるに依り、上司の允許を得て、茲《ここ》に仮釈放を許す」という言葉を中岡は出所前日に聞く。その夜、中岡は所長とストーブを囲み雑談した。石炭をくべて燃やし暖をとりながらのおしゃべりであった。

刑務所で中岡は語学の勉強に励んでいた。英語、ドイツ語、フランス語と、その熱心さを坂梨所長は知っていた。それだけに話題は語学。「三カ国のうちでどれが得意か」とか、ラジオのフランス語講座のテキストを持ってきて「この程度は読めるのか」などとりとめのない話の後に、所長はこう切り出した。

「大勢の新聞記者たちがお前にいろいろ聞きたがっている。記者らは連日、私に質問してくる。何か言うことがあれば取り計らってもいい」

中岡は「御取り計らいを」と所長に依頼した。

出所したら中岡は決めていたルールがあった。酒、たばこは一切やらない。それに魚、肉は食べないと。まるで修行僧のような生活を目指していた。そして外国に渡る夢もあったようだ。だから語学を学んでいたのかもしれない。

いよいよ出所が明日に迫った。中岡は興奮して寝つけなかった。床の上に座って長年過ごした薄暗い房をぐるりと見渡す。一〇年以上も一人で過ごした房である。「世話になったなあ」

と感慨にふけったのか。あるいは「ここで過ごした時間を世に出てから生かせよう」と決意をしたのだろうか。懐中電灯を持った巡回中の看守がやってきて「まだ二時だぞ」と叱られて中岡は横になった。

午前五時半、予定通り中岡は起床した。ほとんど寝ていなかったが、意外に体と頭はシャキッとしていた。すぐに更衣室へ。これまで房の小さな窓からしか見なかった夜空の星をこの時、実に数年ぶりに見上げた。満天の星がきらめき、大塚駅時代にいつも見ていたオリオン座は今夜も同じ位置で輝いていた。

すでに所長、部長、教誨師三人、看守長二人を含めて看守数名、保護主事ら多くの職員、それに母も加えた人たちが中岡の出所のために集まっていた。夜も明けぬ薄暗いなか、部長が懐中電灯を照らしながら正門へ。中岡は刑務所内で読んだ書物、『日本精神史研究』（和辻哲郎著）や『実践哲学概論』（西晋一郎著）、『三都物語』（鶴見祐輔著）などの詰まった朱色の柳トランクを持ち、正門の横にある潜り戸から母と共に外に出た。初めて自由になったと、中岡は嬉しさを実感した。

過熱報道

宮城刑務所の外にはたくさんの新聞社の記者、カメラマンが陣取っていて、中岡はすぐに囲まれてしまった。マグネシウムが次から次に焚かれ、薄暗い早朝に凄まじいフラッシュを浴びせられた。目もくらむほどの閃光が中岡を包んだ。

職員が「ここでの立ち話では……」と言い、再び刑務所内に入り、演武場で臨時の記者会見となった。

記者「原敬氏に対する現在の心境は？」

中岡「今でも原氏にはお気の毒だと思っています」

記者「盛岡の原氏の墓参りに行く心算はありますか？」

中岡「行きたいのですが、もう少し気分が落ち着いてからと思っています」

記者「君の後から佐郷屋（留雄）が出て、濱口雄幸首相を斃し、血盟団事件や五・一五事件が続いて起きたが、君がまあ元祖といった様なことになるが、感想はどうですか？」

中岡「前者の行為が後者の行為の動機・原因になるか否かについては倫理上の難問題であって

容易に論断出来ませんが、もしそうだとしたら、人間の自由は全く認められなくなりはしないでしょうか」

顔を強張らせて緊張しながらも、中岡はよどみなく記者に応えている。これとて坂梨所長の計らいで事前に答えを用意していたからであろう。中岡の母はその事情を知らず、息子の成長を頼もしく聞いていたに違いない。

仮出所する中岡と母

列車の時刻も迫り、会見は打ち切られた。中岡は母と共に自動車へ乗せられた。憲兵隊員も同乗した。仙台駅ではマスコミが大挙して待ち構えていることから、四つ手前（現在は六つ手前）の岩沼駅へ向かった。

午前八時一五分、岩沼駅発の普通列車に中岡母子は乗り込んだ。後部の三等車両の窓際に座った。岩沼、槻木、船岡、北白川と列車は進む。この日は青空が広がり、中岡母子は車窓の景色に目をやっていた。会話らしい会話はなかったが、二人とも心の目は別のものを見ていたであろう。中岡はやっと自由になった喜び、成長した弟、妹たちの顔を。あるいは将来のことを。母の方は息子の赤子の頃から司直の手に下るまでのことが、走馬灯のように駆け巡ったに違いない。

中岡母子を乗せた列車は白石、越河、伊達を過ぎて福島駅で停まった。乗車した岩沼から約六〇キロ南下したところだ。車窓の景色は相変わらず雪に覆われた東北ならではの田園風景が広がっていた。前方には雪をいただく雄大な吾妻連峰が真っ青に晴れ渡った空に聳えているのが見える。吾妻小富士にわずかに真綿のような雲がたなびいていた。車窓の景色はまるで一幅の画の如しであったという。

すると、どかどかという音とともに多くの記者やカメラマンたちが慌ただしく車内に乗り込んできたのだった。そして中岡母子の周りに集結した。すでに記者会見を済ませており、ホッと安心していたところに再び男たちばかりが怒涛の如くやってきたから、中岡は驚いた。仙台駅では空振りとなり、各社のデスクは中岡母子の乗る列車の停車駅に記者やカメラマンを急派させていたのだ。

車内に飛び込んできたのは、記者やカメラマンだけではなかった。先ほどからク、ク、クとの鳴き声は、籠に入った伝書鳩である。これは、鳩の帰巣本能を利用した当時の報道の大切なデリバリー。現代ではまったく姿を消した伝書鳩だが、六〇年代頃まで活躍していたという。

ストロボが焚かれる。母子の一挙手一投足をチラチラ見ながら、ペンを走らせる記者たち。

少しでも母子の会話を聞き取ろうと耳だけを傾ける記者の姿も。他の乗客たちは、一体何が起きたのか、列車に有名人でも乗っているのか、と恐る恐る近寄る姿もあった。新聞各社は一刻も早く情報を読者に届けなければならない。鬼デスクは今や遅しと待っている。我先にと競い合い必死の体であった。

書き終わった原稿は素早く小さな筒の中へ。カメラのネガも別な筒の中へ。これら筒を、すでに籠から取り出されている鳩の足首につけた。鳩は一段と声を上げて鳴く。まるで「早くしろ」と急かせているようにさらに鳴く。

窓が開けられた。冷気がサッと車内に流れ込む。第一号の伝書鳩が飛び立った。続いて第二号が飛び立ち、三号、四号と次々とミッションを受けた鳩たちは晴れ渡った空を旋回し始めた。

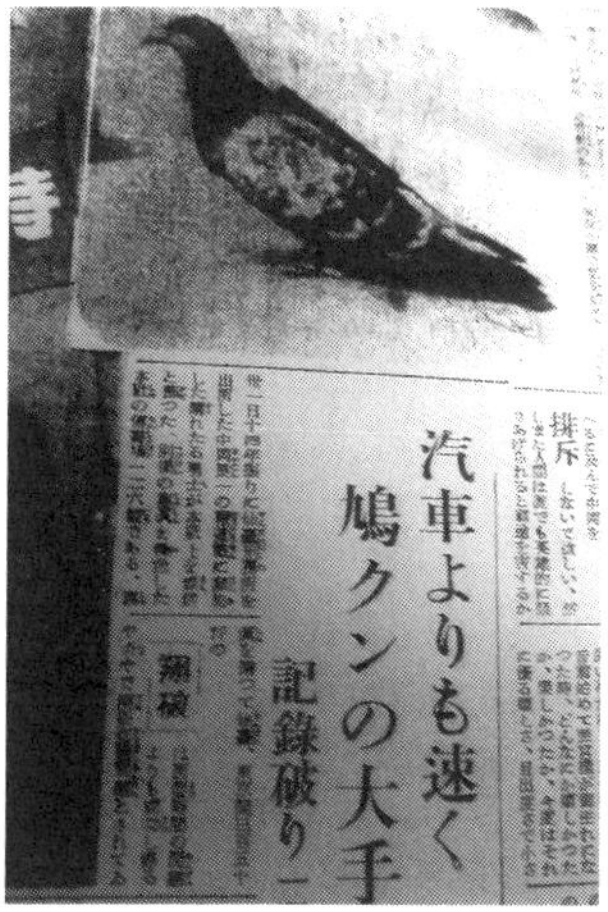
汽車よりも速く
鳩クンの大手
記録破り

伝書鳩の記事

乗客たちから歓声が上がった。なかには鳩に向けて「がんばれ」との声をかける乗客も。伝書鳩は途中で鷹などの猛禽類に遭遇して帰還できない場合があるという。それだけに各社一羽だけではなく、バックアップ用の鳩も飛ばす。

中岡は初めて見る光景に惹き込まれた。やがて鳩の姿は視界から消えた。
伝書鳩が運んだ記事の一つが以下である。

車窓の雪景色に喜色満面

移り行く車窓の景色を物珍しく眺め「何とも言えぬ気持だ」と近眼鏡を着物の袖でふき、「着物はとても便利だ」といい、母親は無言でジッと息子の顔を見ている。（東京朝日新聞、昭和九年二月一日付）

伝書鳩の活躍を報じたのは時事新報（昭和九年二月一日夕刊）である。

汽車よりも速く、鳩クン大手柄、東京まで三五十キロを一翔

東北の空を一散に東京に向かった伝書鳩一二六号は汽車よりも早く弾丸のように――翼を休める美しい森も咽喉をうるほす豊かな水も一二六号（伝書鳩）の眼には、映じなかったのだ。（略）時速六〇キロの速さで本社（時事新報）塔まで飛び続けたのだ。

中岡母子を乗せた列車は再び走り出す。母が福島駅で購入した駅弁を差し出すが、中岡はなぜか食欲がなかった。もっとも体調が悪いというものではなくその逆で、やっと世間に出た嬉しさのあまり体全体が興奮していたというのだ。

宇都宮を過ぎた頃に、終点上野駅かその手前で降りるか中岡母子は相談した。結果、赤羽駅で下車することに決めた。上野駅では多くの報道関係者が待ち受けているだろうし、乗客も多く好奇の目にさらされるのを避けたかったからだ。列車が大宮に入ると、中岡は初めてネオンサインを見たという。

赤羽駅に到着し、一三年ぶりに中岡は東京の地に足を着けた。駅を降りると思惑とは異なり新聞社の記者やカメラマンに取り囲まれてしまい、またもやストロボを焚かれた。

押し合い圧し合いの状況下、何者かに後ろから押され、中岡母子は乗用車に乗せられた。朱色の柳トランクも車に載せてくれた。車も人もすべて新聞社が手配したものだった。

母子が下車しそうな駅という駅に記者とカメラマンを配備し、車まで用意する大掛かりな取材体制を敷いてあった。当時はテレビメディアもない時代、それを差し引いてもすごい報道合戦であった。

中岡母子を乗せた車が、豊島区堀之内の大通りにさしかかった時である。前方に一人の男が立っていた。弟の庸三であった。兄を出迎えていたのだ。最後に会ったのはまだ八つ。西巣鴨の自宅で朝食を共にして以来、一三年ぶりの再会だった。庸三は中岡よりも背が高くなっていた。合流して一緒に自宅へ。

自宅の前にも大勢の報道陣がいて、中岡は写真を撮られた。池袋警察の署員が四人、何かあるといけないと警護にあたってくれた。記者らは家の中にまで入りこみ、さまざまな質問を浴びせた。「自宅に帰ってきた感想は?」といった類であった。このため妹の峯子の顔さえ見ることができなかったという。

記者、カメラマン、警察官らが帰ったのは午後一〇時ごろであった。

中岡はやっと自宅で寛ぐことができた。が、自宅は引っ越したために以前の西巣鴨の家ではなく、懐かしさを感じることはなかったと後に述べている。

大陸に渡り回教徒に

中岡の収監中、妹の峯子は家計を助けるためにラーメン店で働き、やがて西巣鴨に店を出し、一人で切り盛りしていた。母は峯子を「可哀想」と言っているが、この意味は、普通の女の子のような化粧をすることもなく、兄が出所するまで結婚もせず、油だらけになりながらしゃにむに仕事していた、ということであろうか。弟の方も夜間の大学に通いながら職を得たものの、「総理暗殺の弟」と分かると取り消されたという。

さらに親戚すら避ける態度であったらしい。母の苦労はいかばかりであっただろうか。ちなみに中岡がラブレターを渡し熱をあげた従妹の島縫子は、他の男性と結婚したものの、その後妙齢のままで病死したという。

かような状況を出所後に中岡は知ることとなる。出所当初に抱いていた外国行きの考えをいったんご破算にし、「是から今までの不幸の埋め合わせの為にも、母さんの側にいて、一段と孝養を尽くしたいと思います。（略）一日も長くお傍にお仕えしたいと思います」という文を中岡は残している。

中岡が出所してから二年後、一九三六（昭和一一）年に二・二六事件が起きた。その翌年、日中戦争がはじまり日本は軍事色を強めていく。このような日本で、いつまでも母の側にいるわけにもいかず、国のために働かねばと中岡は満州へ渡った。中岡は満蒙復辟の志を持ち、大陸へ渡ったのである。この間、アジア主義者の巨頭である頭山満と接触している。

その後、中岡は陸軍の司令部に所属。この頃にソ連から逃れてきた難民のタタール人を介して回教に関心を持ち、その後、教会で正式に回教徒となった。

一九四一（昭和一六）年二月、三八歳の時、中岡は回教徒の女性と結婚した。当時の朝日新聞（一九日付第七面）は、次のように報じている。

「新天地満州で更生の一途を辿る中岡艮一君は安東省荘河県（現在の遼寧省東南部）の副係

長の媒酌で満人（満州人）の婦人（姜鳳芝）と結婚した。（略）現在、荘河県公邸の弘報主任として見事に更生し、回教の熱心な信者として満人の信頼を集めている。（略）新婦は日本語が大変上手である」

満州国時代に存在していた荘河地域は、大連から北東に位置し古くから少数民族が多く暮らすところ。満人が圧倒的に多いが、他にモンゴル族、朝鮮族、回族、ヤオ族らもいた。山や水がある自然豊かな土地柄だが、どこか足尾銅山あたりの雰囲気もある。中岡は幼少期を過ごした足尾を思い出していたに違いない。

中岡が結婚したその年の一二月、太平洋戦争が勃発した。そして、一九四五（昭和二〇）年八月一五日、終戦。中国大陸や朝鮮半島にいた日本人が一斉に帰国した。その数、約二八〇万人。帰国者と言わずに引揚者と言った。中国では「送り返す」という意味の「遣送」とか「遣返」と呼んだという。

日本の敗戦が決まり、大陸では多くの日本人が過酷な状況に置かれた。食べるものもなく、その上発疹チフスや、体が黒くなって亡くなる黒死病、いわゆるペストに罹患し、命を落とす者は少なくなかった。

さまざまな苦難を乗り越えた者だけが祖国の土地を踏むことができた。中岡もその一人、時に四二歳であった。

以後、中岡は日本に住んだという。中岡は出所時、「(原敬の) 墓参りをしたい」と記者の質問に応えていたが果たしてどうであったのか。大慈寺に問い合わせてみた。

「記録にないし前の住職からもそのような話を聞いたこともありません。墓参に来るとしたらたぶん極秘で来たのかもしれませんね」

誰でも若い頃は、頭の隅に「墓参りをしなくては」と思うものの実際はなかなかできないらしく、社会の一線から退くと、やたらと墓参りをしたくなるという。中岡も六〇歳を過ぎたあたりに、こっそりと原敬の菩提寺を訪れて墓参りをしたのかもしれない。

大慈寺の原敬の墓の左隣りには浅夫人の墓がある。さらに息子の貢の墓もその隣りにある。

一九八〇(昭和五五)年、中岡は七七歳で生涯を終えた。大正時代に首相暗殺事件を起こした人物が、激動の戦争期を経て、その残影も消え去ろうという時代まで生きた。中岡の見た戦後日本は、彼にとってどのように映ったのだろうか。

何か中岡に関する情報が得られるかと思い、中岡が一時住み込みをしていた三秀舎(千代田区内神田)にも問い合わせてみた。同社の初代社長・島連太郎の妻が中岡の伯母さんにあたり、収監中も手紙のやり取りをしている。三秀舎に三〇年勤務するベテラン社員が言う。

「当時(大正時代)は従業員も一〇〇名以上おり都内でも指折りの印刷会社であったようで、

実篤先生ら有名人の出入りがあったと聞きます。いまでもその頃の繋がりで岩波さん（岩波書店）や新潮社さんには書籍をやらしていただいております。当時に比べると従業員は少なくなっております。初代の会館（島会館＝越前市）があり、うちの社員の何人かも訪ねておりますが、私はまだ行ったことはありません。島さんの血縁関係やその人（中岡艮一）を知る人は誰もいないですね」

浅草と銅

原敬一〇〇回忌追悼記念実行委員会によると、地元盛岡で大々的なイベントを開催する予定であったが、コロナ禍で二〇二一年に持ち越しされた。予定では今秋、命日の一一月四日に本山の萬福寺官長を京都より招き「第一〇〇回忌記念追悼会」の法要を大慈寺で行う。ただし一般人が参列できるかは、コロナの関係で八月現在定かではないという。さらに二日後の一一月六日は「記念の集い」として、盛岡市民文化ホールにて原敬ゆかりの地元小学校の生徒らによる「原敬の生涯」の演劇を予定。他に専門家による講演やパネルディスカッションも行われるという。

令和三年の現在、東北出身の総理大臣は原敬から数えて五人。五人目は現在の第九九代・菅義偉。秋田県初の総理大臣である。あとの四人はすべて岩手県出身者だ。一九代・原敬、三〇代・斎藤実、三七代・米内光政、七〇代・鈴木善幸である。

なぜゆえに岩手県が多いのか。理由の一つに挙げられるのが、南部藩は朝敵であったから薩長に対しての反骨精神があり、向上心へと繋がったのではないか、というものである。

加えて、初の政党政治の総理として歴史にその名を残した原敬の存在である。郷土の先輩を範とし、少しでも近づきたいという努力の結果が、総理の座を掴み取った、といえるかもしれない。

原敬は若き頃、浅草に下宿していた。三味線の聞こえる粋な環境で過ごしたという。浅夫人も浅草生まれの浅草育ちだ。浅夫人の父は岩手出身である。この二人がお座敷でたまたま出会った。いささか古い言葉でいえば、〝赤い糸〟で結ばれるべくして結ばれたのか。

中岡艮一も、浅草とは少なからず縁があった。足尾銅山の社宅から引っ越した先が本所区外手町である。現在の墨田区本所。隅田川を渡ると徒歩二〇分程度と浅草は近い。それだけに中岡は子供時代、家族とよく浅草にきて、十二階の凌雲閣や甘味処で餡蜜を味わったり映画をみたりしたという。

浅草繋がりはまだあった。原が恩師と仰ぐ〝外交の切れ者〟陸奥宗光だ。陸奥は北豊島郡の自宅で亡くなり、葬儀を浅草の海禅寺で行っている。ちなみに自宅の北豊島郡には中岡の自宅があった。

浅草地下鉄の乗り場の屋根は鮮やかな緑青色をしている。駅前の交番も雷門前の交番の屋根も同様に緑青色、駅前のアーケードの屋根、さらに仲見世にズラッと店が並んでいるが、この店の屋根も同色である。これらの屋根はすべて銅でつくられたもの。銅板葺きの屋根は順次色が変化するという。最初は赤褐色、そして褐色、暗褐色、黒褐色を経て、一〇年も経つと美しい緑青色となる。

銅は熱伝導性に優れており電線や電気関連で欠かすことができず、パソコン、エアコン、自動車、貨幣、五輪のメダルなど使用頻度は現代でも高い。

雷門前の交番のベテラン警察官が言う。

「何年経とうが銅は腐食しないんです。今は閉山となってしまいましたが、足尾銅山のものでしょうね」

足尾銅山はかつて、日本の銅産出量の四割を占めていた大鉱山である。鉱山王の名をほしいままにした古河市兵衛。そして古河鉱業の副社長が一時、原敬であった。その部下に中岡艮一の父、精《くわし》がいた。とすれば浅草の「銅」は、精のいた時代に採掘されたものかもしれないし、ひょっとすれば原敬が副社長時代に採掘された可能性もあるかもしれない。

浅草の仲見世に店を構えて四代目、生粋の浅草っ子であり、浅草の「おかみさん会」の会長、富永照子さんは、浅草を盛り上げるためにこれまで数々のイベントを企画実践してきた人である。例えばリオのカーニバルを浅草にもってきたのも、一三〇年ぶりに「東京百美人」を復活させたのも富永さんだ。かの浅草十二階に展示された〝ミスコン〟の走りである。

この富永さんが、浅草と足尾銅山の関係をこう説明してくれた。

「仲見世を取り仕切っていたのは、実は足尾銅山にいた人物ですよ。私らも世話になったけれども、その人の子分をうちらはずいぶんと面倒をみたそうです」

浅草と足尾銅山は、〝屋根〟だけの関係ではなかったのである。

エピローグ　二人のいた場所で

足尾銅山と原敬

原敬と中岡艮一が運命的に出会ったのは一九〇五（明治三八）年五月のこと。場所は足尾銅山だった。中岡は足尾銅山社員寮で誕生し、一歳七か月の時、四九歳の原敬が足尾銅山の副社長となった。もっとも言葉を交わしたり抱っこされたり、直接肌を触れあったわけではない。二人が交接したのはそれから一六年半後のこと。中岡は原にしっかりと抱きつき、歴史を動かしたのだった。二人が共有した足尾銅山を訪ねることにした。

折しも開業九〇周年（二〇二一年五月）という。浅草駅から特急に乗り約二時間、わたらせ渓谷鐵道に乗り換えトロッコ列車へ。昔ながらのディーゼル機関車が客車を引っ張る。二、三両は窓ガラスのないオープン列車だから自然の外気が車内に流れ込む。

時速三〇キロ前後でゆっくり進むのは、景色を堪能してもらうため。まもなく右側眼下に渡良瀬川が見える。大きな岩石にぶつかる水が白い飛沫をあげながら、流れは速い。かつて足尾銅山から排出された有害物質が流れ込んだ川として知られているが、令和の現在、周囲の緑豊かな山林と調和し、心癒される絶景スポットとなっている。

トロッコ列車は断崖ぎりぎりを走るからスリルも満点。時々警笛を鳴らすのも懐かしさを覚える。この日は日曜とあって家族連れやカップルもいて、しきりとスマホでその絶景を撮影していた。かつての、有害物質により樹木が枯れている様子はまったくない。

ここでアナウンスが入る。

「このトロッコ列車は足尾銅山から銅を運ぶために敷かれた路線です」

一九〇七（明治四〇）年二月一一日、足尾暴動の四日目に、このトロッコに乗って、銃を掲げ、進軍ラッパを吹きながら軍隊がやってきた。このラッパの音を耳にした中岡の父は「もう大丈夫」と言ったという。

暴動発生時、三歳の中岡は母とともに近くの農家に避難したものの、いつ暴徒が襲ってくるかという不安の中で過ごした。原はすでに副社長を辞していたがあくまで表向き。したがって憲兵を呼んだのも原の指令だった。

トロッコ列車に乗ること一時間余りで通洞駅に到着した。駅から徒歩五分で足尾銅山の観光入り口前にやってきた。かつて栄えた足尾銅山めぐりの見学ツアー客で賑わっている。

私が足尾に来た目的は、原敬がいた場所と中岡一家が住んでいた場所、「掛水」という地域に行くことだった。通洞駅の一つ先の足尾駅から徒歩で数分のところが掛水地域だった。

原が足尾銅山の幹部らを集めて会議した場所が見つかった。かつて足尾の迎賓館といわれた建物で、古河掛水倶楽部という名称となっていた。二〇〇六年に有形文化財に指定されている。

二七四坪の広さを誇る豪華な洋風二階建て。一階の撞球室（ビリヤード）に初代の社長、古河市兵衛の胸像があり、歴代社長や歴代所長らの写真がズラリと飾られている。が、副社長であった原敬の写真はなかった。また、幹部らと従業員の写真は残されているが、原の姿はなかった。

古河掛水倶楽部

原が幹部らを集めてミーティングをしたのは二階の一室であろう。和室はいくつもあり、襖を取っ払えば三十畳ほどの広さである。原は、これまでの年功序列をやめて幹部らを競争させるために班制を敷いた。実績をあげた班には特別ボーナスを支給すると強調した。

原のしゃべりは人を飽きさせずに魅了すると定評があった。声もよく通りハッキリしている。実業界でもすでに実績を上げていた原の話を、幹部らは尊敬の念で聞いていたに違いない。特別ボーナスという大盤振舞いを駆使し、幹部らの心をわしづかみにしたであろう。

結果、幹部らは必死に部下を指導し、班制システムは功を奏した。銅の産出量は増えて利益の拡大につながったのである。

古河掛水倶楽部のチラシによると、足尾銅山は江戸時代初期に農民により発見され、幕府の管轄となった。産出された銅は東照宮や芝の増上寺、江戸城の屋根あるいは貨幣（寛永通宝）にも使用された。その後、ほぼ廃山同然であった足尾銅山を、古河市兵衛が一八七七（明治一〇）年に購入した。購入の際、半額を志賀直道が負担したという。

ちなみに直道の孫が白樺派の志賀直哉である。直哉の代表作『暗夜行路』を書くきっかけは足尾銅山を巡る父との確執と前に記したが、実は直哉は幼少時、祖父の直道に育てられていた。志賀直哉も武者小路実篤と並ぶ白樺派の作家である。足尾銅山を仲介とした、原敬暗殺事件との〝縁〟を感じる。

古河は銅山に最新鋭の採掘技術を投入した。この資金は渋沢栄一や陸奥宗光からサポートを受けたと伝えられている。この陸奥の子息が古河市兵衛の養子となった。

なお、銅の採掘量は当初、年間五〇トン程度だったが、新技術の導入後は飛躍的に伸び、一八八二年は二七三トン、四年後には四三〇〇トンと拡大。さらに六〇〇〇トンに増え古河市兵衛は鉱山王と言われた。

鉱山で財を成したわけだが、その一部が原敬に流れた。この時期に原敬は当時としては桁外れのアメリカおよびヨーロッパ旅行をしている。内務大臣を辞し、空いた時間に部下と三人（外務省を辞めて古河鉱業へ転職した飯島亀太郎と、後に原の秘書官となる吉村信二）で、半年にわたる視察と称した豪勢な旅行である。もう一度記せば、使った金は今の金額で三億一〇〇〇万円である。

足尾銅山は年々収益を拡大し、一九一七（大正六）年にピークを迎える。過去最高の一万五〇〇〇トン以上の産出量を記録、名実ともに東洋一の銅山となり、「銅は国家なり」という言葉まで生まれた。〝陰の実力者〟原敬の政党や個人にも多くの金が流れたのでは、といわれたものだった。

二人を結びつけるもの

さて、中岡一家は掛水のどのあたりに住んでいたのか。当時の住所は掛水出張所社宅だった。

足尾の迎賓館からほど近い場所に、所長をはじめ幹部らの一戸建て社宅が並んでおり、社宅もこの一角にあったであろう。現在でも、家は建て替わっているものの古河機械金属の足尾地区の社宅であり、社員が住んでいるという。地元の古老が言う。

「上級階級の社宅は掛水地域にあるが、坑夫など下級クラスの従業員は共同風呂で、もっと下の方の地域に社宅がありました。階級によって家の間取りも違っていたようです」

足尾銅山・掛水地域（中岡親子が住んでいた）

なお社長や副社長は本社の東京・丸の内にデスクがあり、足尾には常駐していなかった。

一九〇〇（明治三三）年の足尾銅山職員録によると、従業員の階級は十等級に分かれていたらしい。階級を決めるのは学歴だ。工業高校や商業高校を出ていればいきなり階級は六からスタート。学歴の無いものは最下位の階級十であった。

当時、従業員は六八五名。そのトップは所長で階級は一級支配人といわれた。以下、一級副支配人、二級副支配人、三級副支配人、一級手代と続く。

中岡の父は独逸学協会学校出身であったから、いきなり主任（材木課）。階級は二級手代であった。しかし職員録の中に中岡の父の名前はなかった。まだ足尾の社員ではなかったからだろう。中岡が足尾で生まれたのが一九〇三年であるから、おそらく一九〇一年か〇二年頃に足尾の社員として入社したと考えられる。

「主任であれば現在の掛水社宅の裏手、山側の方に社宅があったのではないか」（古河掛水倶楽部の社員）という。背後に足尾の山々が連なる景観である。中岡が誕生した際に「山一番の大きな子、兵隊だ、兵隊だ」と父が叫んだという。現在、この山は緑豊かであった。山と対面するように旧足尾線が走っていたらしい。暴動の時に憲兵がラッパを吹きながらやってきた路線に間違いない。

そして暴動の際に所長宅から壺や茶わんの什器が持ち出されて「近くの池に放り投げた」という池は見当たらなかった。埋められたのか、それとも「掛水地域には川が流れています」（同倶楽部社員）というから「池ではなく川」であったのか。

掛水地域の周辺を実際に歩いてみると、原敬と中岡艮一は直接に接触していたかもしれない、という思いが強くなった。当時、原は幼児に格別な関心があったからだ。なぜならあと半年余りで貢（養子）は三歳となる。三歳になれば養子として迎え一緒に住むことになる。原はことのほか楽しみにしていたようだ。したがって貢と同年齢（艮一の方が一歳下）の幼児を見れば、原は強い関心を示したに違いない。宿泊先（足尾の迎賓館）から原は毎日視察のため現場に出かけていた。正確にいえば一九〇五年五月一八日から二二日の五日間だ。散歩中の中岡母子と原が接していたとしても不思議ではない。まして掛水地域はそれほど広いわけではない。『原敬日記』を再度精査してみると、一九日と二十日の二日間が有力だ。二十日の原は昼頃に足尾銅山役員らと宴会をしたというから、夕方に館を出た原と母の背におんぶされた中岡が出会ったことも考えられる。原はアルコールの勢いも手伝って、中岡の頭を撫でたかもしれない。あるいは一九日の赤口の日であったか。

とすれば、東京駅で原と中岡が直接に肌を接したのは、二度目になる――。

中岡はこの足尾に五歳まで住んでいた。最盛期の足尾の人口は三万八〇〇〇人以上。一九七三（昭和四八）年二月の閉山以降、人口は減少を続け、現在は三〇〇〇人に満たないという。日本の近代化に大きな役割を担った足尾銅山。そこは、原と政友会の資金源とも言われ、金権政治の供給源という役割も担った。

東京駅における総理暗殺事件の被害者・原敬と加害者・中岡艮一を結びつける足尾銅山に二人がいた事実は、今では歴史の襞のなかに折りたたまれている。

二〇二一年七月、東京・浅草雷門前。

コロナ禍による三度目の緊急事態宣言が発令されたにもかかわらず、浅草は多くの観光客で賑わっている。道路わきには人力車がズラリと並ぶ。令和時代に出現した女車夫らは、脚絆に臙脂の半纏姿で、男車夫に負けじと「浅草巡りに人力車いかがですか」と盛んに呼びかける。

昨今、浅草巡りの若い女たちは貸衣装を着て歩く姿が目立つ。髪にはリボンを飾り、袴にブーツというスタイルは、まさに大正ロマンを彷彿させる。目を転じれば仲見世の緑青色の屋根に屯《たむろ》する鳩たちは、かつて活躍した伝書鳩を想起させる。

コロナ禍を契機に再び注目されたスペイン風邪のパンデミック。一〇〇年前との相似を辿るうちに、私は二人の人物が縁をつなぎ、不幸な形で交接するまでのドキュメントを掘り出すことにのめり込んでいった。

そしていま浅草雷門の前に立っていると、あたかも原敬と中岡艮一のいた大正時代にワープする錯覚さえ覚えるのだった。

あとがき

　東京駅で襲われた総理大臣は過去二人いる。そのうちの一人、濱口雄幸の場合、彼を襲った凶器は拳銃であった。この拳銃は一体誰から誰の手に渡ったのかを追跡したのが、拙著『拳銃伝説』だった。この本を出したことで、もう一人の総理、原敬を取材対象にしなければ消化不良だと長らく考え、チマチマと調べをすすめていた。原敬の場合の凶器は短刀であるから、雄幸の拳銃と対《つい》をなす短刀の経歴を追跡しなければなるまい、と当初はそんな考えをぼんやりと持っていた。

　だが、製造元（堺市内）と暗殺犯に売却した古物商、古物商に売った人物までは特定できたものの、それ以外を辿ることができなかった。なにしろ一世紀も前のこと、当然といえば当然である。けれども調べをすすめると別の事実が浮上した。それが白樺派の作家、武者小路実篤だった。実篤が東京駅で総理を襲撃した二人と、それぞれ接していた事実が判明したのだ。これによりこの三人が一つの輪で繋がった。そしてこの輪が次々と連結されて大きくなり、私はどんどんのめり込んでいったのである。

ノンフィクション作品に取り組んでいると、思いもよらぬドキュメントに遭遇するのはよくあることだ。時に奇跡的なめぐり合わせもあり、単なる偶然とは思えぬ運命的なものを感じて前に突き進むことになる。すると、さらに新たなドキュメントが浮上し、息を呑むケースがあるのだ。これをしもノンフィクションの醍醐味といえると同時に、単なる〝縁〟として片づけるのはあまりに軽すぎる。人知を超える重厚な何かが潜んでいるのでは、といった感情が沸き立ってしまうのだ。

例えば、濱口雄幸を狙撃した佐郷屋留雄が目黒不動尊近くで暗殺リハーサルをやっていたと供述書で知り、その現場の旧住所を役所で調べ訪ねたことがあった。しかし一〇〇年近く前ゆえ、なかなか現場を特定することが出来なかった。仕方なく空気感だけでも味わおうと周辺をうろうろしていると、雨空を見て煙草を吸っていた初老の男がいた。彼に旧住所の場所を聞くと、男は「誰を探しているんだ?」というから「東京駅で総理を狙撃した人の……」と言った途端に「サゴウヤか?」と言われ、「エッ!」と驚くと「佐郷屋の自宅(港区白金)を造ったのは俺だよ」と言った。この人は大工さんであった。結果、この人から色々な情報を知ることになった。まさに宝くじに当たったような奇跡ではないか。

今回もまさにそういう体験があった。暇つぶしに神田古書店連盟発行の合同目録(二〇一二年版）を見ている時であった。合同目録には実篤の脚本『愛欲』（改造社発行）の初版本が掲載されていた。卍をあしらった画家・中川一政の装丁であった。さらにページをパラパラめくっていくと、原敬の腹心だった人物の名前が目に飛び込んできた。腹心の名前は古賀廉造。司法省法学校の原の同級生である。原が内務大臣の時の警保局長で、二人は強い絆で結ばれていた。阿片事件では逮捕されている。

合同目録に古賀の阿片事件に関する裁判記録が、さらに東京地方裁判所公廷の古賀を擁護する弁論記録も載っていた。こちらの方は中華民国紙幣の偽造事件に関するものであったが、どちらも花井卓蔵弁護士の毛筆書きであった。一級資料として当時、S書房から売りに出されていたのだ。偶然に手にとったブックフェアの合同目録で古賀の名前を見つけたのだから驚いた。大袈裟に言えば、取材される側があえてこちらに近寄ってきてくれたのだと運命的なものを感じ、一段と調査に熱が入った。本文に記した通り、原と中岡の接点、中岡と実篤の接点に、何か縁を感じたのだ。

縁といえば他にもあった。原敬暗殺事件で中岡艮一の弁護を引き受けたのは今村力三郎である。この今村は、明治天皇暗殺を計画したといわれた幸徳事件で起訴された一人、古河力作の弁護を引き受けたことで知られていた。そもそも古河が社会問題に関心を持ったきっかけは、足尾銅山の公害事件だった。これにより古河は幸徳秋水に近づき、親しくなったといわれている。死刑の宣告をした裁判長は鶴丈一郎。この鶴は原敬と司法省法学校の同期生だった。これらの人物は、明治末期~大正~昭和の世相を背景に、足尾銅山という場所を仲介して円の如く繋がるのである。

人と人は奇妙な縁で繋がっていることが少なくない。ただ気が付くかどうかなのであると、かつての私の上司で、取材のイロハ、文章のイロハを教えてくれたY氏は常々言っていた。このY氏が、夏休みに学生時代の知人の別荘で過ごしたことがあった。この時、知人の子らが水遊びに興じていた。なかでも「小学生の二人の子どもが仲よく遊んでいたのが印象的だった」と言い、続けて「ところがこの二人、後に一人が検事となり、もう一人は殺人容疑者となった。二人は事件で対峙したわけではないが、人生の縁ってすごいよな」と言った。この言葉は私の耳にずっと残り、まさに人生の不可思議を、今回も感じたのであった。

共栄書房編集部の佐藤恭介さんには今回も色々お世話になりました。感謝の意を表します。

二〇二一年初夏

著者

参考文献

『鉄窓十三年』(中岡艮一、近代書房)
『政党興亡五十年』(肥田琢司、国会通信社)
『原敬日記』全6巻(原敬、福村出版)
『原首相暗殺』(長文連、図書出版社)
『幕末土佐の12人』(武光誠、PHP文庫)
『勝海舟と坂本龍馬』(加来耕三、PHP文庫)
「統監」(松本清張、『別冊文藝春秋』95号、文藝春秋)
『武者小路実篤全集』全25巻(武者小路実篤、新潮社)
『拳銃伝説』(大橋義輝、共栄書房)
『四七都道府県の明治維新』(栗原隆一、自由国民社)
『浅草　謎解き散歩』(川上千尋・荒井修・塩入亮乗編著、新人物文庫)
『雑学　明治珍聞録』(西沢爽、文春文庫)
『明治・大正・昭和30の「真実」』(三代史研究会、文春文庫)

『随想続大正生まれ』（依田修、金子書房）
『明治維新史』（服部之総、白揚社）
『暗殺の日本史』（歴史の謎を探る会編、河井書房新社）
『将棋文化史』（山本亨介、朝日新聞社）
『日本史　謎の殺人事件』（楠木誠一郎、二見書房）
『歴史３６６日』（萩谷朴、新潮社）
『日本人の深層意識』（林知己夫・米沢弘、ＮＨＫブックス）
『物価の世相１００年』（岩崎爾郎、読売新聞社）
『東京名所図会　芝公園・東京総説之部』（宮尾しげを監修、睦書房）

大橋義輝（おおはし・よしてる）

ルポルタージュ作家。

東京・小岩で生まれ育つ。明治大学（文芸学科）、米国サンノゼ州立大学（ジャーナリズム学科）、中国アモイ大学（中国語）、二松学舎大学（国文学科）等で学ぶ。

元フジテレビ記者・プロデューサー。元週刊サンケイ記者。

黒澤映画のエッセイ「私の黒澤明」で最優秀賞（夕刊フジ）。

著書に『おれの三島由紀夫』(不死鳥社)、『韓国天才少年の数奇な半生』『毒婦伝説』『消えた神父を追え！』『拳銃伝説――昭和史を撃ち抜いた一丁のモーゼルを追って』『紫式部"裏"伝説――女流作家の隠された秘密』『アメリカと銃――銃と生きた４人のアメリカ人』（以上、共栄書房）、『「サザエさん」のないしょ話』（データハウス）。

赤口の刃――原敬暗殺事件と中岡良一

2021年9月10日　初版第１刷発行

著者 ―― 大橋義輝
発行者 ―― 平田　勝
発行 ―― 共栄書房
〒101-0065 東京都千代田区西神田2-5-11出版輸送ビル2F
電話　03-3234-6948
FAX　03-3239-8272
E-mail　master@kyoeishobo.net
URL　http://www.kyoeishobo.net
振替 ―― 00130-4-118277
装幀 ―― 黒瀬章夫（ナカグログラフ）
印刷・製本― 中央精版印刷株式会社

ISBN978-4-7634-1101-3 C0036